老娘娘琐话

妈祖文化在天津

由国庆 著

中国文史出版社

图书在版编目（CIP）数据

老娘娘琐话：妈祖文化在天津 / 由国庆著 . —北
京：中国文史出版社，2023.8
ISBN 978-7-5205-4133-6

Ⅰ.①老… Ⅱ.①由… Ⅲ.①神—文化研究—天津
Ⅳ.①B933

中国国家版本馆CIP数据核字（2023）第106089号

责任编辑：金　硕

出版发行：**中国文史出版社**

地　　址：北京市海淀区西八里庄路69号　　邮编：100142
电　　话：010 - 81136606 / 6602 / 6603 / 6642（发行部）
传　　真：010 - 81136655
印　　装：廊坊市海涛印刷有限公司
经　　销：全国新华书店
开　　本：787mm × 1092mm　　1/16
印　　张：17.5
字　　数：210千字
版　　次：2024年1月北京第1版
印　　次：2024年1月第1次印刷
定　　价：68.00元

从平民到神演变的活化石

　　源于妈祖（天后、天妃）的民俗文化现象内涵丰富，同时也是从平民到民俗神演化的代表作，同时还是从平民到民俗神演化的活化石，溯源与剖析这一独特的现象，我们会看到从元代到明代，一直到清代，这位被尊为中国海神的女性，她头上的光环是怎样一步步五彩缤纷起来的。随着她光环的光芒四射，华夏子孙的活动领域从内河到沿海的陆海活动，延伸为沿海到外海的洲际活动。其实对妈祖的崇信是中国人向海洋进军的一部化石史书。

　　先说从陆地活动转向海洋活动的契机，是海神出现的原生力。

　　人们对水并不陌生，人类的聚居群落皆与水有不解之缘，为此，桥与船是水的产物，同时也是人们脚步的延伸。同时，妈祖崇拜现象是人类向大海进军的必然产物，同时也是中国文化向海洋的一个延伸。毋庸置疑，土地神、河神、山神的崇拜现象都比海神（妈祖）早得多，这说明，宋代以后，从元代的漕运，无论是运河漕粮，还是沿内海漕粮，海运水路的日益兴盛，奠定了妈祖神化地位。

从世界航海史看，英国的航海较早，16世纪中叶英国的航海在世界上处于较为领先的地位。此时正值我国的清代前期顺治年间。妈祖林默早于公元960年，即我国的北宋建隆元年就出生了，可以这样说，林默的出现，就是我国航海业已具雏形，随着林默的地位被神化，我国航海业开始了从元至明的迅速发展。

从记载上看，林默从南宋绍光二十六年（1156年）第一次敕封，到最后一次清嘉庆七年（1802年）的册封，共加封29次，封号逐步升级，最终为"护国庇民昭灵显应仁慈天后"。从这里可以看到这么一个规律，说明中国的国计民生与大海的缘分越来越深了。

唐宋以前，中国的航海尚不具备远海航行的条件，从元代开始，漕运的水路运输增加了人对大海的亲和力，元代漕运的发达必然要祈祷航行的安全，林默的神话地位在这样一个大背景下加强且确立了。元明以来，我国的航海业空前发达，在世界上处于领先地位，被誉为15世纪航海家、外交家的郑和前后七次奉使下西洋，访问三十余国，在世界航海史上，郑和的远航比哥伦布早87年，比麦哲伦早116年。

航海业的发展是人们向大海攫取利润的又一领地。随着清代末期列强的入侵，海上的轮船航运业在中国兴起，清朝洋务派经营着轮船招商局，这个招商局可以说是当时中国江海帆船航运业的附庸。

大海的神秘莫测，大海的凶残诡谲，让人望而生畏，由此而产生神灵福佑观念是必然的，林默以一个平民女子而一跃成为妈祖、天后的神仙化身，这是航海业发展的一个需要，一个重要的标志。林默从一普通的平民女子，经过历代皇帝的册封，完成了一个"造神过程"。作为一个有史可查的人物形象，妈祖崇拜并且成为一个独立出来的道教文化支脉，不能不说其产生与强化都与航海的发展有着极其密切的关系。

再说沿海漕运与洲际交流是天后神化向外延伸的动力。

妈祖崇拜是由两条路线延伸开来的，一是由南向北的中国大陆沿海线，另一条是由中国南海至东南亚、日本以及美国、法国的华侨"华工"线。两宋之时，属于妈祖崇拜的最初阶段，妈祖的祖庙在林默升天的地方——福建湄洲岛湄屿峰上建立，后又有商人捐资扩建了祖庙。妈祖地位的确立应该是在元代，是元代漕运将妈祖崇拜沿海顺河带到了北方。

元代水陆交通十分发达，且为了漕粮开凿了运河，京杭大运河开航，沿途的济宁、临清、长芦、直沽等市镇出现。元至元十九年（1282年）运河粮食北上因京杭运河淤塞不畅，又成功地开辟了海运漕粮通道，至此从江苏刘家港入海，绕过山东半岛，直抵天津杨村码头。

水运空前繁荣与元代南北物资交流畅通有关，南北商货运输交流繁忙。此外，元代的海外贸易十分发达，其贸易范围通达世界各地。福建泉州是当时进行海外贸易的国际都市。综上所述，元代加封林默为"天妃"就不足为奇了。

在妈祖崇拜中，以福建莆田为先，泉州继之，这与泉州当年的国际都市地位是相称的，尔后其影响辐射到我国港澳台等地，随之水路路线而北上，最后在天津达到极致。从建庙时间分析，天津的两座天后宫皆建在元代，甚至有"先有天后宫，后有天津卫"的说法。

水路运输越繁荣，越需要神明庇佑，此中系着国运系着民生，所以"护国庇民"的封号十分贴切，它是从皇帝到平民一个共同的期望。所以，妈祖崇拜不断向外延伸，使之成为沿河沿海城市的保护神，水路运输是其重要的动力源。如此，妈祖庙遍布中国沿海及世界各地，民俗文化影响广泛。

以上说明了什么呢？中国的"华工"一词是一个屈辱的名词。从17世纪起到20世纪初，西方殖民者的罪恶之手伸向中国，这些殖民者来到中国的东南各省，利用诱骗和掳掠的手段，将一些青壮年运到东南亚和美洲各地。这些人被囚禁在海船中，受尽疾病及海难的折磨。活下来的人大都来自我国东南各省，正是妈祖崇拜的香火兴盛之地，又经过长时间的海上颠簸，祈祷海神——天后娘娘的保佑，那是很自然的事。经过艰险侥幸活下来了，就要报答天后娘娘，在当地建庙势所必然。妈祖崇拜随着大批华侨华工的进入和一些华人在海外的定居，中国的海神从而跨入异国的土地，成为海外华裔聚居地一个共同的偶像和保护神。

最后说天后平民神化的"搭车"现象是内蕴的持久力。

妈祖是平民神化的一个典范，也当然是海运的需要。为使内蕴持久，法力广大，于是乎出现了天后宫供神的"搭车"现象。虽然天后娘娘在海上"神通广大"，但毕竟只在海上，在各地建庙后，为适应当地的民情民俗，泛神现象在天后庙中体现得较为明显。

据清同治九年（1870年）的《续天津县志》记，天津有娘娘庙16座（也有人考证为20座）。这些娘娘庙从规模与建庙时间看，以西庙（俗称娘娘官）的记载较为全面。其供奉的神像计一百多尊，除了"娘娘系列"，还有"佛家系列"与"道家系列"，乃至"平民系列"等，无所不包。众神明"职能范围"越来越广，使得更多的人前来烧香拜庙。

尤其有说服力的是妈祖崇拜在天津地区的功能转移。天津城的老百姓，尤其是在清末以后，有关生子传嗣避免病疾是至关重要之事，于是人们赋予了妈祖娘娘无所不能的力量，又派生出了各种祈福攘灾的化身，甚至成为天津的护城神，天后官内的"三津福主"匾额就说明了这一点。

林默从平民到神仙的过程是中国海运从兴到盛一个重要的发展时期，妈祖崇拜是随着海运兴盛，祈望航海安全等期望值增加的体现。挖掘整理妈祖文化的史料，就会发现各地的妈祖庙就是一部部史书，犹如埋藏在地下的化石，无言地记载了妈祖崇拜发展过程。由此想到歌德《浮士德》中的一句名言："理论全是灰色，敬爱的朋友，生命的金树才是长青。"林默以一平民女子的善良、爱心、舍己救人的美德，获得了生命的长青，让人们在与险恶莫测的大海搏斗中汲取勇气和希冀，从而得到千年的崇拜与怀念，这不能不承认善良与正直是不可战胜的。

妈祖文化博大精深，《老娘娘琐话》的著者、民俗专家由国庆先生厚积薄发，且以雅俗共赏的文笔，用图文并茂的形式，为读者讲述妈祖与天津人文的故事，绝非一日之功，也自然会引人入胜。

是为序。

著名文化学者、资深报人 姜维群

目录

下编　拴娃娃

上编

信俗往事

一、乐善好施热心肠

妈祖文化、天后信俗在老天津家喻户晓，是这座城市形成发展中独特的人文现象，久已成为天津社会史，特别是民俗文化的重要组成部分。津沽宝地处渤海之滨、九河下梢，古来航运发达，民风淳朴，津门百姓为拉近与海神妈祖的关系，亲切地称之为"老娘娘"或"娘娘"，娘娘宫、娘娘庙的称呼也一直沿袭至今。

妈祖，姓林名默（960—987），祖籍福建莆田，她生前不畏艰险，救助海难，扶危济困，舍己为人，这种善良无私的精神感召天地，经宋、元、明、清历代敕封褒扬（宋代十四次、元代六次、明代四次、清代八次），其传说故事广泛流传沿海各地，又远播内陆省份。

天津的妈祖信俗源自本地悠久、繁盛的河海漕运。元朝设大都（今北京）后，天津大直沽、小直沽即成为北方最重要的漕粮枢纽码头。"晓日三岔口，连樯集万艘"，元至元十六年（1279年）国家级粮库广通仓在津设立。随着漕运吞吐量与日俱增，来往官船民船无不酬谢妈祖，感念护佑。

据《元史·祭祀志》载："惟南海女神灵惠夫人，至元中，以护海运有奇应，加封天妃神号，积至十字，庙曰灵慈。直沽、平

兒吉斛廉訪副使散兀只台以使酒相詆狀聞詔兩釋
之甲午以災變罷獵賑河南探馬赤軍籍其餘丁罷行
宣政院及功德使司免武備寺遣貢兵器丁酉藩王不
賽因遣使獻玉及獨峯駝是夜太白犯軒轅御女以星
變下詔恤民辛丑次中都咬于汪火察禿之地賜太師
按攤出鈔二千八百錠鹿頂殷成罷甘蕭札渾倉徙其
軍儲於汪古剌倉戶部尚書郭晁坐贓免作大妃宮于
海津鎮西番土官撒加布來獻方物海寇黎三來附詔
諭廉州蜑戶使復業鹽官州大風海溢壞隄防三十餘
里遣使祭海神不止徙居民千二百五十家大都昌平

《元史》记载明确

《敕封天后志》中的《救郑和》

江、周泾、泉、福、兴化等处，皆有庙。"自此，陆续有二十多座娘娘宫遍布天津各地，其中以距今近七百年历史的大直沽天妃宫（东庙）、海河三岔口娘娘宫（西庙）最为知名，后者又以敕建宫庙名传海内外。

数百年来，天后信俗从多层面、多角度影响着一代又一代老天津人，民情民风与老娘娘有着千丝万缕的关联。

天津人热心肠。人与人之间讲究帮衬互助，彼此总是无私的，这与海神妈祖娘娘生前乐于助人、尊老护幼、海上救险的美德极为相近。四海之内皆兄弟，船户们生死相依，平安抵达直沽后，纷纷泊船登岸拜娘娘，以示铭记娘娘的品格与恩泽。如此也就自然形成了天津人讲义气的鲜明性格。助人为乐、真诚待人、乐善好施等品格，在天津人当中十分常见。

娘娘宫码头、三岔河口一带是南北商民来津的最早聚落

天后圣母老娘娘宝像

清嘉庆皇帝御赐
"天津天后宫天上圣母之宝印"

点之一，移民而至，五方杂处，娘娘的故事潜移默化影响着、改变着人们的性格与风习，具有凝聚民心的感召力。

人们居家生活或出门在外，难免遇到这样那样的波折困难，街坊四邻定会热心帮扶。假如谁家孩子病了，张娘李婶王大爷多来问候关照，甚至拿出舍不得给自家孩子吃的鸡蛋一块儿送过来。哪家一时揭不开锅，对门的嫂子不仅给锅里添上米，也许连炉子也会给端来。

二、女子穿衣爱红装

　　博爱，是妈祖文化重要的精神内核，贴近民生，颇具人情味。万物生而平等，精神不分贵贱，特别是在老娘娘面前，人皆为凡夫俗子。许多老天津人最大的愿望就是安安稳稳过日子，不窜头，不张扬，"老婆孩子热炕头"成为旧观念中最滋润的小日子的象征。

　　在老天津，七成以上是平民，少有人热衷捧大款、宠名角，多么红的明星大腕来津演出也得懂得规矩，若是在观众面前摆谱

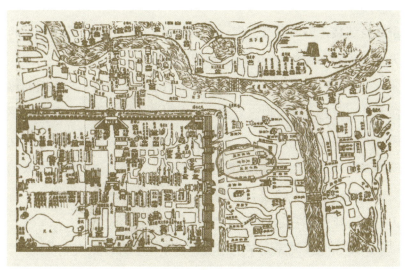

圈示为《津门保甲图说》中娘娘宫的位置

耍花腔，那下边的观众可藏龙卧虎啊，十有八九得让他下不来台。因为，人们想了，你有天大本事还能盖过老娘娘？

老天津人不喜欢崇尚贵族。你在深宅大院里锦衣玉食，我在小屋里粗茶淡饭睡土炕，自得其乐，各过各的日子。所以那年月的草根百姓、富贾显贵常有各自的生活圈，彼此之间井水不犯河水。有钱人使阔攀比叫板，也许在他自己的圈里、在租界地还行得通，在平头老百姓堆儿里可没人爱瞧吹牛，也许总得找个什么碴儿让他栽跟头出丑。平民之间呢？最让人瞧不起的也是"充大尾巴鹰"的主儿。因为，人们琢磨，你再牛气还能漫过老娘娘？

信俗表现在民众心理和信念上具有一定的传承性，在服饰文化方面也有所体现。史料、传说相参，说妈祖生前喜欢穿红色衣服，她乘苇席渡海，一次次救助渔家船夫。妈祖故乡福建莆田至今仍有不少妇女遵循旧俗崇尚红衣裤，曰"妈祖服"。

有趣的是，天津女子衣着好红色也从明代设卫城后一直流传至今，这在很大程度上与妈祖信俗有千丝万缕的关系。就此而言，红色寓意大致有二：一是消灾除疫，义和团运动中"红灯照"女子通身红装，俗谓可避枪炮；二是大吉大利，红色代表热烈，与天津人豪爽、豁达、热情的性格是吻合的。

天津妈妈们一辈辈以红色服饰求得心理、信念上与娘娘的感应、共鸣。妇女不仅自己爱穿红，在日常生活中也以红色打扮孩子，尤其在除夕守岁之时，长辈喜欢儿孙们穿得越红越好，儿女绕膝满堂红。红色，是真切的美好希望。大年初一清早，女人们又穿红配绿赶往娘娘宫上香，宝座上老娘娘也是一袭红衣装，将人们的朱颜、红袄映衬得更加漂亮。

不仅如此，天津女子的婚服也是从里到外、从头到脚的红，近乎极致。这天，新娘上身内穿红色小褂，外罩红绸袄，外面还

身穿妈祖服的福建湄洲岛妇女

天津女子的大红绣花袄

要穿红花衫。下身是贴身红裤，外套红绸裙，再穿天津特色大红响铃裙。头上戴满大红绒绢花，盖红盖头，脚下再穿红线袜、软底大红绣花鞋。在火红吉祥的氛围中，所有人获得心理慰藉，民间有老娘娘赐福一说。

三、王灵官护驾先行

天后圣母端坐娘娘宫正殿中，佑护津门，与此同时还衍生出不少从属的民俗神明，市井化色彩日益浓厚，尤其在艺术造像方面各具特点。天津娘娘宫当然以海神妈祖为首要供奉对象，信俗文化也由此在津得到广泛植根与传播。

岁月荏苒，随着老娘娘本地化、平民化发展，庙里的圣母从原本单纯所司佑护航海之职，逐渐发展成为护城护民之尊，人们认为她可消灾赐福，为人带来吉祥。天津人又依据历史记载、民俗传承、坊间神话等，因需而设，陆续加塑出许多附属神明，有的原型还确有真人。

旧年，最盛期的娘娘宫内供奉诸神多达百余尊，一座庙宇能包容如此多的神祇信仰与风俗，这在国内是少见的。我们简要说说清代至20世纪40年代娘娘宫各殿阁内供奉的众神明与艺术造像。

先说前殿，内有王灵官像，又称护法神，是在前头为娘娘护驾的。王灵官相貌红脸三眼，身穿盔甲，左手拿着风火轮，右手拿着铜，威严刚猛的样子。其实，王灵官是道家文化中的护法镇山之将，人们常说其"三眼能观天下事，一鞭惊醒世间人"。

历史上关于王灵官的神话故事很多，也表明其信俗的民间基

清末娘娘宫山门

础。有人说他是武当山五百灵官的统帅，又称五显灵官。宋代，民间又出了镇守道观山门的灵官，相貌一般为赤面髯须，身披金甲红袍，三目怒视，左手中有风火轮，右手举钢鞭，是让凡人畏惧的神仙，其司职相当于佛教文化中的韦陀。

据《新搜神记》载，王灵官本名王善，是宋徽宗时代人，《列仙全传》又说王灵官原是江苏淮阴城隍庙里的城隍，而《历代神仙通鉴》中说其为玉帝的御前大将，专门纠察天上与人间之事。

再读《明史·礼志》中宋徽宗时期的相关内容，可知王灵官曾师从西蜀道家萨守坚（萨天师），得了道符秘籍，是道士林灵素的再传弟子……明宣德年间，宣宗朱瞻基把天师庙改为火德观，同时封萨天师为崇恩真君，封王灵官为隆恩真君，又加封王灵官为玉枢火府天将，同时相继建起崇恩殿、隆恩殿。

外国画家笔下的清代娘娘宫戏楼

20世纪70年代娘娘宫院内已成大杂院

到了明成化年间，宪宗朱见深改观为宫，火德观随之称显灵宫，官家、信众一年四季为王灵官粉饰造像并更换新袍服，珠玉锦绣，不惜花费。逢重要节庆之日，朝廷都会派官员前去祭拜。从此之后，王灵官成为各地宫观第一殿中充当开路先锋的护法之尊。

进入清代，灵官庙（殿）仍接续在四处兴建，王灵官的艺术造像以威武示人，神采各异，其中以北京白云观、天津娘娘宫、武汉长春观、苏州玄妙观、武当山元和观中的造像最引人注目。

具体到娘娘宫，王灵官所处的前殿其实是娘娘宫早期的山门，当山门增建后，它成为过堂殿，人们可以穿行而过。如今，游客在前殿前后分别可见"三津福主"与"普天同济"匾额。王灵官可谓老娘娘的御驾仙班急先锋。

四、千里眼与顺风耳

娘娘宫前殿中可见为天后圣母带路的护法先锋王灵官，其左右还有千里眼、顺风耳、加恶、加善，艺术造像皆高大威武，目光俯视，让人心生几分畏惧。

千里眼又称朱雀，左手在眼前搭凉棚望向远方的样子，右手拿叉子，右脚脚下还踏着一只海蛤。

顺风耳又称玄武，左手虚覆耳旁，做远听状，左臂上有一条蛇，右手拿着方天画戟，左脚下踏着一只海螺。

民间传说，千里眼和顺风耳本为兄弟，兄名高明，弟名高觉，二人因参战身亡，魂归福建湄洲岛西北方向的桃花山上，然后化成了小妖。

又有传说，千里眼、顺风耳身高丈余，目似铜铃，齿如短剑，声若洪钟，来去如风如闪电，经常扰乱地方百姓。有一次，妈祖娘娘经过此山，高氏兄弟无端向妈祖逼婚，妈祖与二者斗法，约定败则从之，胜则收其为仆。妈祖当然法力高深，高氏兄弟灰溜溜败下阵来，随之改邪归正，乖乖成为妈祖的手下，随侍左右。

坊间又有一神话，说高明、高觉原是商纣王的兵，兄弟二人功力不凡，高明能眼观千里之外，人称千里眼，高觉能耳听八方之声，人称顺风耳。二人建功是在商周交战的时候，他们凭各自

千里眼

顺风耳

的本领窥探到敌方军情，有助战事，进而闻名四方。这二人如此这般，让姜子牙及周军将领尤其感到头疼，后来，周军中人想出了妙计，用战鼓扰乱顺风耳的听力，用旗帜遮住千里眼的视线，同时巧施计策让二人法力全无，这一招果然奏效。高明、高觉丧生于战争之中，二人的妖魂盘踞在桃花山上，始终心有不甘……许多年后，高氏兄弟遇到妈祖，妈祖将其降服，千里眼、顺风耳双双跪伏在妈祖面前，诚心拜师，皈依门下，服侍娘娘左右。

加恶又称青龙，艺术造像为黑脸，头戴金盔，身披铠甲，右手拿板斧，右脚踏着海星。加善又称白虎，白脸，右手拿长矛，右脚踏海龟。

在老天津，千里眼、顺风耳、加恶、加善也被人俗称为四大金刚，因于塑像相貌吓人，特别是小孩子们见到往往十分害怕。

台湾地区的妈祖宫庙众多，笔者曾于2015年末前往调研相关民风民俗。千里眼、顺风耳被当地民众称为大将军，因当地风俗时常要请妈祖出巡，大家抬着娘娘圣驾行进在大街小巷，谓之散福。依照民俗仪轨，在前面有千里眼、顺风耳护驾开道，同时要给二者披红挂绿，同显喜庆。千里眼、顺风耳人偶造型贴近普通生活，形象或拟人化，或卡通化，色彩方面也不断向明丽、纯色靠拢，仪态更是有趣。参加出巡的千里眼、顺风耳模型体量像巨人，表演者可钻入其中。人偶的头、眼睛、胳膊大多可以活动，活灵活现，煞是可爱。

五、众娘娘各有司职

"群神杂居"是旧年娘娘宫重要的民俗现象。娘娘宫正殿内，天后圣母宝像端坐正中，保万里波平，佑四海安澜，津沽一派祥和。自元代在直沽兴庙以来，林默老娘娘成为天津百姓民俗生活的重要精神依托，她的故事与神话传说美篇如云，文化研究成果异彩纷呈，于此不再赘述。

旧年医疗卫生欠发达，各种疾患困扰民众。有趣的是，老天津人在日常生活中因需而设，在娘娘身前左右不断加塑出其他各有司职的"分灵"娘娘，祈福求吉更有针对性，或多或少有"专科"的意味，希望"有求必应"更加精准。

比如，眼光娘娘又称眼光明目元君，手持眼睛小模型，民间依据有关经卷，俗信眼光娘娘能有助眼病康复；耳光娘娘又称耳光元君，手捧耳朵形状的模型，俗信可医治耳朵疾病，有助听力健康；癍疹（痘疹）娘娘又称癍疹回生元君，手持莲蓬，莲蓬上有许多斑点，意思是代表天花。

老年间儿童出天花是一大恶疾，堪称小生命的拦路虎，期盼孩子出天花顺利安康无不被长辈视为要事，所以信众拜过天后娘娘以后，同时再拜拜癍疹娘娘，祈福孩子出天花时平平安安。关于此，笔者曾在系列随笔《拴娃娃》中谈及，不赘。

泰山娘娘、雷公塑像

送子娘娘人偶像

瓜瓞绵绵，子孙万代，关乎国运与人生之盛。娘娘宫在民俗生活方面的重要事项之一便是求子祈福。娘娘宫正殿里还有子孙娘娘，又称子孙保生元君；有千子娘娘，又称千子元君；百子娘娘，又称百子元君。这些娘娘的艺术造像愈发显现着民间生活气息，比如塑像通身爬满小孩，寓意娘娘赐子，多子多福。孩子降生后要吃奶，母亲奶水是否顺畅充足影响孩子健康，于是，人们又加塑出引母娘娘，称引母元君，手里牵着一个小孩；还有乳母娘娘，称乳母元君，怀里抱着小孩。

其实，类似的娘娘在其他地方的生活中也不断被百姓重视，进而专建宫庙殿阁，娘娘们的司职由附属、专职的性质演化为名正言顺的"正职"，照样香客如云。

另需提及的是，相关演化过程中也存在"南有海神妈祖，北有碧霞元君"一说的影响。碧霞元君是古代神话传说中的女神（山神），其信俗主要以华北地区为中心，民间称东岳泰山天仙玉女碧霞元君。碧霞元君的影响力已历经千年，尤其是在明清以后，对北方民俗民风产生了重要影响。

碧霞元君的文化渊源、神话故事在泰山流传最盛，人们俗信碧霞元君能助孕助产，而这一点主要源于碧霞元君的两个化身——子孙娘娘、眼光娘娘，所以泰山上的相关殿阁很能吸引游人。再如山东肥城的碧霞元君祠，里面也有眼光娘娘殿、送子娘娘殿、泰山圣母殿等。

在天津娘娘宫，正殿内老娘娘身旁还有宫女四位，其中二人手举宝伞、宝扇，另一人拿着宝印，再有一人捧着宝瓶。

六、保孩童健康平安

　　谈及老年间娘娘宫风貌，民间与学界素有"群神杂居"一说，这也从一个侧面体现了天津民俗生活的吸纳、包容特征。

　　关于保佑孩子出天花顺利安全，老娘娘宫中还有挑水哥哥宝像，俗称"傻哥哥"或"傻大哥"，"傻"之称正说明挑水哥哥朴实真诚的一面。

　　老辈人不仅视挑水哥哥是儿童出天花的保护神，还将其视为财神，此信俗与农历正月初二敬财神有关。昔时天津人吃水多靠河水，民间有挑水送水的水夫。初二清早，水夫往往会向常订户家里送一担水，外加一捆新柴火（或白生生的麻秆），柴火讲究用红绸带扎着，上贴写有"真正大金条"字样的红纸条。"柴"与"财"谐音，俗称送财水，大吉大利，财源广进。

　　民间还有一传说版本，说塑挑水哥哥像是为了纪念那些在修庙过程中出过力的工匠，是后来加塑的。1985 年娘娘宫复建，1995 年在南配殿重设挑水哥哥像。善男信女拜挑水哥哥时，有人还会摸摸"傻哥哥"身边的水筲，俗信可有助发财。

　　庙里还有报事童子，又称报事灵童，造像被人们打扮得活泼可爱，头戴紫金冠，脖子上戴金锁，身穿银红缎子袍，外面还罩披蓝缎大氅。小童子手拿令旗，民间传说报事灵童能向人们通报有关天花的消息，避免孩子们受苦。

与挑水哥哥、报事灵童职能差不多的还有散行瘟疹童子、送浆哥哥，俗信可解除一切与出天花相关的病患。另有散行天花仙女，可为小孩带来治天花病的灵丹妙药。

除了上一篇所说的眼光娘娘、耳光娘娘等，娘娘宫中还塑过催生郎君（身上披布袋子，袋里有小娃娃）、兼管乳食宫官（保佑孩子有奶吃）、救急施药仙官（送药保健康）像。在20世纪90年代，南配殿又塑起保平安的白老太太像，慈眉善目，貌若真人。

说到数百年来娘娘宫的修建，有一人可谓出了些名，他就是马堂，老年间庙里曾有马堂像。明代万历年间，马堂在津监修过娘娘宫，任监工。《明史·列传》中载："马堂者，天津税监也，兼辖临清。"

万历二十七年（1599年）马堂被明神宗朱翊钧派往山东

挑水哥哥塑像

临清收税，化解当地的税务纷争。然而，马堂到任后横征暴敛，短短月余间竟激起了名闻历史的临清兵变。但是，因马堂呈进朝中的银子很多，且有明神宗的庇护，所以安然无恙。在万历三十年（1602年），他又被派到天津继续出任税监，同时奉旨监修娘娘宫。

娘娘宫正殿天花板背后有当时的遗墨，清晰可见"万历三十年六月二十五日重建"和"太监马堂"等字样。

另外，娘娘宫中还曾有曹公像，他也是万历年间监修娘娘宫的太监，此人负责管理账目。

七、众宝像因需而设

因百姓民俗生活而设塑像，是娘娘宫曾经的重要特点。旧年娘娘宫中还有南海大士塑像。观世音菩萨在民间有广泛的信俗基础，且有送子神话传说，也许人们希望"一站式"全拜了神明，所以自然而然将观音与天后联系在一起，让这些神灵同处一庙。如今的凤尾殿也可见观音菩萨像，艺术造像精美。

之前曾谈及的俗信包治百病的白老太太，老年间原本在凤尾殿，是一尊木雕像，半仿生式，手臂是可以活动的。在该殿中还

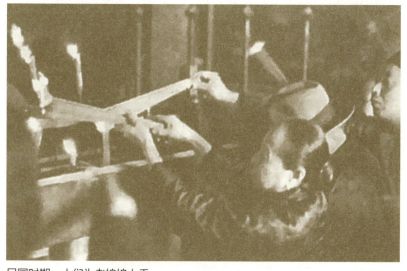

民国时期，人们为老娘娘上香

有挠司大爷像，俗称"挠三大爷"，其脚下有三只黑色小狗，为什么呢？因为小孩出天花时会发痒，传说挠司大爷可挠痒痒，小狗可舔舔痘解痒痒。

与凤尾殿相对的是藏经阁，二层楼，旧年上层供奉着碧霞元君，即泰山娘娘。碧霞元君也是木像，金脸，手也可以活动，天津人俗称"侉娘娘"。藏经阁楼下有几尊分灵娘娘像，雕塑体量相对较小，专为节庆时娘娘出巡时用，进出方便。藏经阁后边是启圣殿（祠），圣公、圣母安坐其中，即妈祖天后的父母。

老娘娘宫中另有灶君殿，供奉灶王爷，两旁还站立着童子。关帝殿中立关公像，还有穿黄袍的唐明皇像、财神赵公明像等。再说火帝殿，其中的火帝像满面红色，有三只眼、八只手，手里拿宝剑、火轮、火球等。民间传说火帝是五方天帝之一，又称赤帝，司火、司夏，也有神话说火帝是炎帝的化身。与火帝相随的，一有抑火蛇像，又名火龙，白脸，全身有盔甲，手里拿一条红蛇；二是避火猪，蓝脸，穿黑色长袍；三有食火猴，尖嘴，红腮，披着黄袍，面目如猴子；四是围火虎，白黄脸，头戴老虎帽。

接着到财神殿，殿中供奉财神爷，另有地母娘娘像，造像是地母骑在鳌鱼上的样子。此殿中还有雷祖像，穿道士服，左手高擎一道彩虹，右手持剑。雷祖像前有雷公、行雨闪电娘娘等。

神话云，雷祖乃九天应元雷声普化天尊、九天应元雷声普化真王，据《无上九霄玉清大梵紫微玄都雷霆玉经》表述，雷祖是元始天尊第九子玉清真王的化身。天津等地的民间传说，又说雷祖是轩辕黄帝升仙后化作了雷神，主管雷雨之事。而《封神演义》中则说闻仲是九天应元雷声普化天尊，能率雷部催云助雨。后来，雷神的职能被凡人不断扩大、演绎，发展到主天之祸福，司生司杀，俗信不仁不义之徒定会遭雷劈。

财神殿中还供着吕祖像、疙瘩刘爷像等。这刘爷被尊为药王，民间说确有其人，是金代河北河间名医刘完素（守真）。此人自幼聪慧，喜欢医书，加之母亲患病而求医不到，于是立志拜名师从医。刘完素饱读《素问》等经典，治病救人，享誉四方。刘氏一生著述颇丰，主要有《黄帝素问宣明论方》《内经运气要旨论》《刘河间医案》传世。

八、王三奶奶的传说

老天津娘娘宫里塑有王三奶奶像，人们说王三奶奶慈眉善目，有求必应。

天津老人都知道一句祈福的俗话："摸摸王三奶奶的手，嘛病都没有；摸摸王三奶奶的脚，嘛病全都消。"其故事生动有趣，有的莫衷一是，有的鲜为人知。

关于身世，王三奶奶确有其人吗？比如张家大婶听说王三奶奶是河北三河人，可刘家二爷耳闻其来自河北香河，虽为口口相传，但也有鼻子有眼儿。然而年深日久，少得史据，不过三河、香河都是天津卫的近邻，民俗民风自有投缘处。

传说较多的版本言，王三奶奶出生于清道光年间的某一年农历九月初二（另说初九），十九岁那年嫁到王姓人家，丈夫是排行老三的本分农民，后来因灾荒来到天津，落脚老城西门里。也有人说，她就落脚在娘娘宫附近。

最初，聪慧善良的她是为人家做奶母谋生。因为王三奶奶的母亲通晓民间土方土药，耳濡目染中自然也影响到她。后来，王三奶奶常为人治病疗疾、排忧解难，且不断有奇事发生，于是声名鹊起。虽说王三奶奶家境贫苦，但是她乐善好施。比如有这么一个传说：

到妙峰山赶庙会的人群

　　某天有个老太太带着孙子讨饭来到王三奶奶门前，她见这一老一小很可怜，不仅给了饽饽吃，还热情招呼进屋歇息并留宿。如此这般又是几天，可没人知道王三奶奶家也没了粮食，她宁可自己去讨饭当衣服，也让这一老一小吃饱睡好。

　　有一天晚间，王三奶奶的邻居突然患病，急匆匆来请王三奶奶给瞧瞧。那人病重，就在大家束手无策的时候，见那讨饭的老太太将随身带的一个小瓷瓶悄悄交给了王三奶奶，小瓶瓶口还插着一截干树枝。

　　老人说，折下一点树枝放在凉水碗里晃一晃，然后把水给病人喝下去也许有效果。王三奶奶将信将疑，如法炮制，没想到转眼间药到病除了。

最后，老太太给王三奶奶留下小瓶、树枝，随即转身要走。王三奶奶挽留祖孙二人，只见二人已在院当空慢慢升起，一点点化成观音大士和红孩儿了……

街坊四邻无不惊奇，笃信王三奶奶得到了观音菩萨点化，从此，王三奶奶成为人们心目中的神医，美名广传。

民间故事说王三奶奶每年都要组织信众们到京西妙峰山去进香，并专门成立了万缘老会。在一次进香过程中，王三奶奶病逝于妙峰山上。

另有云，王三奶奶是大致七十岁那年骑着毛驴去妙峰山的路上不小心跌入山涧去世的。

接续神话随之而来，说王三奶奶是东岳大帝的女儿、碧霞元君的妹妹，当年已修德圆满被召回了天界。此后，人们在妙峰山碧霞元君殿旁专门修建了王三奶奶殿。相传慈禧太后曾两次上山拜过王三奶奶，并赐"万仙之首"匾额。

九、车夫遇到三奶奶

民间故事生动有趣，老天津有人说王三奶奶是骑着毛驴从妙峰山来到天津卫的，她也非常崇信天后娘娘，有一天进庙上香过程中升天仙化了……

王三奶奶塑像

话说清末民初之时，天津城西有个贫苦的胶皮车夫，日子过得清苦，一个夏天的早晨，小伙子正蹲在路边为没有活计发愁，从远处走来个慈眉善目的老太太，她笑着对他说："快拉我到东门外娘娘宫。"车夫一路小心慢跑，生怕路不平让老太太受颠簸。车到庙门前，老太太告诉小伙子："我忘带钱了，你在这儿等会儿，我马上出来给你送钱，如果过会儿我没出来，你就到庙里找我。"

小伙子将信将疑，蹲在一边，直等到该吃晌饭的时候，他就去问娘娘

信众为王三奶奶供奉的小脚鞋

宫门口的道士："您见没见一位盘着发髻、穿蓝布袄的小脚老太太出来？"道士说："没有啊，那你自己进去找找吧。"庙里香客不少，四处找半天就是没见那老太太，小伙子不免又悔又急。此时，他抬头猛然瞧见老太太不知啥时已坐在庙里的神台上，成了一尊塑像，正笑呵呵地看着他呢。"这不是王三奶奶吗？"小伙子惊得叫出声来。只见王三奶奶脚旁放着乘车钱，还留了字条。车夫又惊又喜，连忙三叩九拜谢过。后来他逢人便讲，王三奶奶显圣，有恩于人。

旧时娘娘宫中的王三奶奶像是一尊木像，位置在正殿天后娘娘像前北侧。王三奶奶像的胳膊、手是可以活动的，手里还拿着小药丸呢。之所以活动，据说是方便人们摸一摸，有真实感，这也衍生了摸手、摸脚的习俗。

在艺术造像与服饰上，天津人为王三奶奶注入了更人性化、生活化的元素，朴实、生动。王三奶奶虽已成为神，但并非凤冠霞帔、锦衣绣裙之类的装束，而是头戴传统黑帽箍，身穿蓝色大襟棉袄，扎着腿带子，穿绣花布鞋。因为王三奶奶生前常骑小毛驴外出为人诊病，所以旧时在其塑像旁还特别塑有毛驴和拿鞭子的童子。不仅在娘娘宫，老天津小刘庄、东沽、葛沽等地也曾有王三奶奶庙堂或塑像。

或许受到王三奶奶曾组织的万缘老会的影响，老年间每逢佳期吉日，人们在娘娘宫拜了王三奶奶后，其中一些人还要到妙峰山去向王三奶奶进香。天津庙会或杂货摊上常卖一种木制小牌子，俗称进香牌，上面写着"金顶妙峰山王三奶奶之位"以及香客的名姓。这小牌最好是自己带上山，也可委托别人捎带。按当时的风俗，香牌一般要系在衣服上，到了妙峰山向王三奶奶行过礼，牌子就要留在王三奶奶面前了。礼成，人们无不喜色满面，踏上归途前还要在庙会上买些民间工艺品，有带福还家之说。

天津人的热情曾感动妙峰山庙会的组织者，他们专为善男信女平整了一条道路，上山下山更方便。与此同时，天津一些商家也在沿途摆摊、设茶棚。

十、运河文化传俗信

旧年，河伯殿在娘娘宫中的名气相对高一点，殿内有金龙四大王像。河伯殿始建缘于天津海运、河运，尤其是运河文化的兴盛。京杭大运河流经北京、天津、河北、山东、江苏、浙江等地，作为沟通我国南北的交通大动脉，促进了沿线人文、经济的发展与交流，漕船往来也对各地民俗文化、民间信仰产生了影响，老天津金龙四大王之信俗即源出苏杭。

金龙四大王本名谢绪，南宋杭州钱塘人，家中有兄长谢纪、谢纲、谢统，他排行老四，曾读书于金龙山，因此被后世民众俗称为金龙四大王。民间神话说谢绪身后转世成黄河的河神、漕运的保护神，有防洪护堤、护佑漕运的神力，百姓又陆续附会赋予他保障航行安全、掌管水上生死等职能，乃至司职漕运的官员、军兵、船工、水手、商人等纷纷崇祀金龙四大王。明清时期，金龙四大王不断被皇朝敕封，如《清朝文献通考·群祀考》说，顺治三年（1646年）敕封显佑通济之神，护佑京杭大运河全线通畅、漕运顺兴。

老娘娘宫南北配殿里还有三官（天官、地官、水官）、药王爷、斗姆（斗姥）、罗祖、龙师、太上老君、三元大帝、文昌帝君、三界值符、四值功曹等塑像，艺术造型也多具民俗特点。

20世纪80年代初的张仙阁

其中，三官大帝是天官、地官、水官的统称，中国自古就有祭天、祭地、祭水的习俗，民间神话更为丰富。比如天官赐福，天官名为上元一品赐福天官、紫微大帝，传说在农历正月十五下界人间，审校人的罪与福。比如地官赦罪，地官名为中元二品赦罪地官、清虚大帝，农历七月十五日下界人间，巡点凡间，为人赦罪。又如水官解厄，水官名为下元三品解厄水官、洞阴大帝，农历十月十五日下界，为人消灾。斗姆也称斗姆元君、斗姥。"斗"指北斗众星，"姆"指母亲——斗姆是北斗众星的母亲。笔者收藏有一张清朝末年春永堂眼药庄的故纸，其上标示的店址就在娘娘宫斗姥殿内。

接着说三界值符，三界指天、地、冥，值符也叫值符使，民间俗信其能连通凡间、上苍，乃使者。三界值符的形象常出现在民间木版画上，画中这些形象骑飞马，穿梭在天上与人间。

那四值功曹呢？是道家神话、民间信俗中在天庭值年、值月、值日、值时的四大神圣，相当于值班神仙。四值功曹的塑像也常出现在各地的城隍庙中。

娘娘宫山门北侧有过街建筑张仙阁，阁上有送子张仙像，又称射天狗的张仙爷。张仙阁中还曾有释迦牟尼、南海大士、送子观音、太上老君、华佗先师、太阳星君、太阴星君、玉皇大帝、吕祖大帝以及保平安保健康的傻大爷、黄二大爷等塑像或图卷。

射天狗的张仙爷

娘娘宫张仙阁在清人江萱所绘的《潞河督运图》中已清晰可见，说明该阁至迟在嘉庆末年已建成了。那么，这位张仙是何许人，又何能送子呢？长久以来，民间认为张仙是五代后蜀皇帝孟昶的化身。传说宋太祖赵匡胤灭了后蜀，后蜀皇帝的妃子花蕊夫人被赵匡胤霸占。花蕊无时不思念孟昶，便画了一张孟昶持弓射猎的画像挂在寝室的墙壁上。一日，此画被赵匡胤所见，便追问画中人是谁，花蕊诡称是蜀国的送子张仙神。缘此，挂张仙像求子的风俗在民间流传开来。

天津人俗称张仙为能射天狗的张仙爷。民间说天狗是一种怪物，时常会从房舍的烟囱进入屋内，吓唬小孩并将天花传染给儿童。张仙爷就是守护在烟囱口的神仙，且无处不在，天狗见到他就不敢逞凶了。张仙阁中的张仙神像非同一般，面如敷粉，唇若涂朱，五绺长髯，身着蓝袍，左手张弓，右手执弹丸，仰天射向天狗，形象俊美飘逸。老天津人还常将张仙神马挂在卧室的房山、炕灶烟道出口处，供香、燃烛。特别还要摆设一个小碟，碟中供几个白面面球，每日换新，俗信这样喂了天狗，它就不来惊扰小孩了。

张仙虽为男性，但其素以送子护童而闻名于世。甚者更是附会地说张仙所执的弹丸与"诞"同音，有诞生的意思，所以张仙与送子娘娘等一同被尊为祈子送生之神，后来演化出一种风俗：接生婆为产妇接生后收了钱，她要送给人家一幅张仙神马，神马上书"金弓打出天狗去，玉弹引出子孙来"。

十一、动物俗信与神话

　　人类曾相信万物有灵之说。植物、动物是人的伙伴，先人们很早就有植物崇拜、动物崇拜，比如对桂树、龙、凤的崇拜，进而产生了许许多多有趣的神话故事，也称图腾神话。在某种意义上，人对山水、动植物的崇拜大大有助于保护生物的多样性及生态环境的平衡。

1936年高跷会表演

说起动物神话，相信很多人都晓得脍炙人口的《白蛇传》，故事中将白娘子和小青描绘成善良可爱的蛇。老年间娘娘宫中有白老太太、黄二大爷等塑像，这也源于古老的民间传说，说狐狸、黄鼠狼、刺猬、蛇、老鼠等，它们得道修行转化，已非同寻常。它们长期存在于地球上，人们的信俗中有恭敬之意，希望它们佑护人类生活的安康，由此民间还衍生出不少故事与风俗。

在娘娘宫皇会、民间花会表演中，特别是高跷表演时，常见《白蛇传》人物扮相，白蛇一身素衣，青蛇一身青衣，皆佩宝剑，模样俊俏，柔媚中还透着刚毅，为人喜闻乐见。另外，常俗认为蛇是龙的化身，比如十二生肖中属蛇的人，津地爱说属小龙。

昔年医疗条件有限，比如有的人在精神或心理方面发病重，民间俗称"癔病"或"癔症"，来来回回治不好，有人就会去拜拜黄二大爷，盼症状快消除。在天津，与之相关的还有俗语"撒癔症"，比喻人没正行、胡言乱语。

老百姓形容狐狸，往往有童趣，说狐狸体态美丽，性情狡黠，有点像现在卡通片中的描绘。其实早在夏朝，民间就有神话：大禹治水时娶涂山氏女子九尾白狐为妻。民间俗称狐狸为胡三太爷，说它是涂山氏的后辈。旧津有三太爷庙，正名称通真道人祠，位置在盐院公署的后边。学者吴裕成先生在《御匾颁给三太爷庙》中说："这衙门，坐落于裁弯取直前南运河北岸，位置在今大胡同南端，邻近昔时的鸟市。"文中接续表述："这座俗称三太爷庙的仙祠，后来经崇厚奏请，同治七年腊月，朝廷'以神灵助顺'，颁了块'玉清福佑'匾额。续修县志记下'敕赐御书额'这件事。"后世民间又传，说狐狸能报德，能复仇，多情，还会捉弄人，也精通医术。相形之下，文人墨客爱用"狐狸精"一词形容风情万种的漂亮女郎，反之也会用此形容妖冶的女子，后者含贬义。

城隍庙前卫龄高跷

老天津民间对上述五种动物的俗信分几种形式。有的与福、禄、寿三星一起敬奉，五动物皆化为人物形象，四尊男像，一尊女像，容貌与穿戴漂亮。有的是在自家院落一角设小庙模型，常为木制仿真的。民国时期《天津皇会考纪》中说娘娘宫"院子的左方靠张仙阁楼梯的旁边，有一个化纸炉，这化纸炉的形象就和北方人院内所供的仙家楼差不多，炉有八尺多高，面积六尺见方"。随着社会生活、科学文化的日益进步，旧年的许多风俗也渐渐消失。

十二、妈祖美食滋味浓

常言道，人争一口气，佛受一炷香。人们为表达对妈祖娘娘的崇敬之情，焚香祈福的同时还会献上些许供品表达心意。历代朝廷对妈祖多有敕封褒扬，所以妈祖供品也称"贡品"。

在福建湄洲岛，妈祖供品制作已有一千多年的演变与发展，现下基本沿袭了清乾隆年间的模式。笔者曾数次到湄洲祖庙调研，所见当地最隆重豪华的定制供品常包括海味、山珍、花鸟、人物等造型，数量多达千余道，大致分荤品、斋品两类，其中海鲜类114种、面制（面塑）类36种、斋菜类24种。每样都有说道，源出妈祖故事、莆仙戏、道学文化、民间古俗等，颇具内涵。

湄洲岛海产资源丰富，品质上佳，营养丰富，鲜香扑鼻。人们把一些海鲜风干、加工、摆盘，制出二龙戏珠、鸳鸯贵子、平升三级、年年如意、连年有余等花样供品，有美食人神共享的意思。

斋品类供品的选材、摆盘主要依据二十四孝故事，如文帝尝药、郭巨埋儿、行佣供母、涌泉跃鲤、扇枕温衾等，其中尤其会凸显颂扬妈祖林默救父寻兄的孝悌美德事迹。供品中还有用香菇做的雄鹰、金针菇做的凤凰等。

此外，民间传说每年妈祖诞辰（农历三月二十三）前后是海

市民为老娘娘包催生饺子

湄洲岛民众为妈祖所献美食

中水族拜妈祖的时间，当地渔民为不惊扰它们，是禁止捕捞的。于是就用五彩面塑取代荤类供品，比如塑出海龟祝寿、龙传百代、鲢在一心等。

总体上看，经过不断发展演变并与现实生活相结合的妈祖供品，在艺术造型方面，可谓精巧。

在莆田、湄洲，笔者多次品尝过妈祖面、妈祖糕。关于妈祖面的由来，在莆田有故事，说林默娘每次海上救难后都要给遇险者端上一碗热乎乎的兴化（莆田旧称）寿面，人们吃后驱寒暖身，也能逢凶化吉。当地百姓久而久之称之为妈祖平安面，民俗传承，每个出海的人出发前都要吃一碗，祈福妈祖保佑。

福建莆田的妈祖面

　　妈祖面的主料是福建特产线面，细细长长，莆田方言"面"和"命"发音相近，长长的线面寓意长命百岁。妈祖面的底汤一般用蛏、红菇、黄花菜等熬制，汤淡红，寓意好兆头。妈祖面有配菜，如花生象征早生贵子，紫菜象征紫气东来，青菜象征事业长青，鸡蛋象征圆圆满满、财运亨通。

　　再说妈祖糕，它四四方方，是湄洲岛农家传统糕点，用糯米、冬米等做成，口感清甜，柔软细腻。逢大吉日，信众还会搭起高高的妈祖糕塔，煞是壮观。笔者也尝过湄洲鱼饭、什锦炒海蛎饼、湄洲焖豆腐的滋味，都很可口。

　　天津人为老娘娘庆生，前一天要吃催生饺子，素馅，与过大年时吃的"津味素"大同小异。诞辰日当天，老年间讲究上供"大三牲"或"小三牲"，加上各样供品，满满一桌，琳琅满目。同时必吃长寿面，讲究素三鲜卤，菜码齐全，面条上必加红粉皮，象征大吉大利、祥和喜庆。

十三、诚意献上奉纳船

元至元十九年（1282年）前后，海上漕运兴，粮米物资从江南到天津再转京城，路途遥远，风高浪急，加之海盗袭扰，行船危险系数较高。元人臧梦解（鲁山）在《直沽谣》中言："杂遝东入海，归来几人在……风尘出门即险阻，何况茫茫海如许。"明代永乐十三年（1415年）左右，海漕暂停，运河漕运方兴未艾。清康乾盛世时期，鉴于京城所需，续开海漕。历代，在无更有效保护的情况下，妈祖娘娘成为河海航运的第一保护神，所以无论官家船家出海前，都会毕恭毕敬地在妈祖面前焚香祷告，待安然返航后一定要为老娘娘献上奉纳船，酬谢佑护之恩。

奉纳船是船模，木制。船家平安抵达津门后会到船坊，请工匠根据自家漕船的样子，按比例缩微仿真制作一艘小船模，接着到娘娘宫还愿，诚心诚意为圣母供上船模。关于此，民间有故事：

话说古代广东有一大古董商，他携带大批古玩珍品随漕船北上，岂料行至黑水洋的时候遇风暴，船几乎被掀翻，众人惊悚万分，更担心那些珍贵宝物毁于一旦，于是连声高呼娘娘保佑，许愿如果能平安到津，一定修庙还愿再塑金身。刹那间，古董商好似看见娘娘拨云见日，随后风平浪静了……商人安抵天津后，计划到庙里还愿，可惜他又心疼起了钱财，不想花费太多，于是灵

传统奉纳船

机一动，找人做了件仿真小木船献给娘娘，意思是已将整船宝贝都奉上了。

老年间，娘娘宫的管理者也将这类小船俗称为"替身船"，此俗称也有来由：古代航海习俗，新船下水出航之际，要做个同样的船模供奉给妈祖，期待海神保平安，假如航行中遭遇不测，会有那小船挡灾，大船可化险为夷。

津城的这一风俗，在1936年版《天津游览志》中是这样描述的："一般无知的航户都恭敬万分，膜拜虔诚，颇有些迷信娘娘到绝顶者，在航海中遇风时，便祝祷老娘娘施法保护，这么便可邀得老娘娘降灵显圣，给指路的红灯，或一种东西，救一船生灵。到这船平安抵家时，便做一些小型的帆船，送到娘娘宫去还愿。所以在娘娘宫大殿里，实可见一排排小船，挂在屋顶上。"

作家夏坚勇在《大运河传》中讲述，旧时有个叫周通的船主献过一艘对漕船，"这种船船底较平，俗称浅船……因其底平则吃水不深，一般不得超过六拃，大拇指与中指张开的距离为一拃，六拃不过三尺许，这样便于通过堰闸。而且有意思的是，这种船的船体可分可合，当北运河上船只拥挤且水位不够时，它可以把一半停在天津卸仓，另一半开往张家湾或通州，卸空了再到天津与另一半合拢南返"。

日久天长，挂在娘娘宫大殿顶上的奉纳船很多，自宋代末年至民国时期的船型都有，殿中好似船模展览馆了。至于具体形制，可参考《天工开物》《漕船志》等。

娘娘宫中祭春牛

立春祭芒神、打春牛乃传统农耕生活习俗，清代中叶以来天津商贸发达，城市化愈加迅速，城厢居民农事活动随之衰减，但迎春祈福仪式久盛不衰。那时每年六月朝中钦天监（掌管天象历法）会预定、颁布第二年芒神、春牛的造型、颜色等，命各府州县照例制作。芒神的年纪、姿态、服饰根据当年的干支而定；春牛的颜色也取决于当年干支、立春日干支等，分青、红、白、黑、黄五色。事先，天津官方严格照章制作，不敢怠慢。

立春前一天是迎春日，清早辰时（7点至9点）左右天津府县职以下的官员要郑重其事地穿上朝服，集体前往东门外娘娘宫祭芒神、拜天后。一路上鼓乐引导，全套仪仗在前，官家的大轿小轿（尚处冬季，轿有薄棉罩，俗称暖轿）随后。缘何如此隆重？据光绪十年（1884年）版、张焘撰《津门杂记》中说此为"恭诣"之举。

在庙里祭芒神后，官家将春牛模型抬

老娘娘护国保民

至老城北门里西侧的天津府署。第二天是立春正日子，府衙内
"葭琯应律"，遵古演奏适合时节的乐曲，在此氛围中行打春牛之
礼，为民祈福，愿新年风调雨顺，五谷丰登。迎春、立春之时，
从东门外到北门里聚满市民，人们纷纷前来观看仪式，感受喜乐
之情。

十四、皇帝赏赐黄马褂

　　清康乾盛世时期，天津作为北方的经济中心和大都会，无时无刻不吸引着近在咫尺的皇朝视线，康熙皇帝、乾隆皇帝频繁来到津城，许许多多动人的故事一直传为美谈。

　　传统游艺民俗在天津有着丰厚的历史文化积淀，素来为百姓喜闻乐见。

　民国时期皇会出会

达摩庵秧歌会

　　天津民俗歌舞演艺大多以一个相对独立的民间组织以"会"的形式公开展演，华美绚丽、煞有气势的各路花会，融汇了民俗民风、风物传说等诸多内容，展示了天津人文生活中尚武、豪爽、热情的性格。

　　说起皇会在天津的出现与发展，不能不提到康熙皇帝、乾隆皇帝。皇帝到天津来，接驾与送驾等是必有的仪式，隆重至极。天津富商和百姓不断操办起各种形式的会，加入迎送仪仗中。

　　北门外浙绍乡祠中有几面大鼓，每逢新春佳节或喜庆之日，这里的人总喜欢击鼓增添欢快的气氛。

　　传说有一年康熙皇帝南巡过津，乡祠大鼓前往迎驾，动听的鼓点儿与娴熟的鼓技博得龙颜大悦，康熙御赐鼓者黄马褂。后来，当乾隆皇帝在津再次见到身穿黄马褂的鼓手时，有所感触，又赏黄衣。两朝御赐，天津皇会由此名扬四方。

高跷腿子

皇会队伍人偶复原展示

关于皇会，天津民间传说更广泛的另一个版本也是有鼻子有眼儿：有一年农历三月二十三天后娘娘诞辰庆典之期，乾隆皇帝下江南的龙船正驶过三岔河口，与岸上几路欢歌起舞的花会队伍不期而遇。圣上驾到的消息在热闹的人潮中如飞一样传播，其他各路花会也闻讯蜂拥而至，竞相为皇上表演精彩节目。乾隆见人们载歌载舞，大为欣喜，特赏捷兽会每人黄马褂一件，赐鹤龄会每人金项圈一个，赏扫殿会龙旗两面。

关于皇会的得名，《新校天津卫志》中有明确记载："前代圣祖高宗南巡，曾驻跸天津。天津乡人演作戏剧，用备临览，或作神仙故事，或作乡俗形象，有以童子数十人各持小铜钵，舞跳之始，伏地排'天下太平'四字，颇近古人舞法。回銮后，再逢驻跸各戏技艺生疏，因于每年天后诞辰赛会之期一演试之，此皇会之名所由来也。"

传统天津皇会的会档（种类）大致分为三类：一是服务性质的，如扫殿会、净街会、请驾会、梅汤会等；二是仪仗性质的会，如门幡会、太狮会、广照会、宝鼎会、接香会、日罩会、灯罩会、銮驾会、华辇会、护驾会、灯亭会、鲜花会等；三是以各类乡村民间花会为基础的表演，所涉及内容相当广泛。

皇会的内容也非常丰富，包括杠箱、鲜花、法鼓、门幡、秧歌、提炉灯、大乐、高跷等四十多种。

妈祖民俗在天津深入人心，每年天后诞辰庆典的前后数日，民间出会演艺已成为百姓除春节之外最盛大的民俗节日。老天津皇会表演内容丰富，节目精彩，颇受老百姓喜爱。

十五、万人空巷瞧皇会

老天津皇会大致分为几类，如服务类、仪仗类、乡村花会类，每类又有一至数个表演团体，风格各异。团体表演以"会"的形式出现，会的数量少则二三十道，多达百道。

各路花会集结在娘娘宫，随妈祖出巡，依次伴随，各家纷纷亮出最精彩的节目、最高超的演技，沿街献艺。届时观者如潮，万人空巷。

老娘娘所乘皇轿与銮驾

据《天津县志》载,"先之以杂剧,填塞街庙,连宵达旦,游人如狂",可谓"百戏云集,光怪陆离"。清代诗人崔旭在《津门百咏》中进一步说明了娘娘宫出皇会的盛况:"逐队幢幡百戏催,笙箫钹鼓响春雷;盈街填巷人如堵,万盏明灯看驾来。"

皇会队伍虽是民间自发而成,但组织严密,协调规范,秩序井然,异彩纷呈的表演场面极大满足了百姓的文化娱乐需求,成为城市文化精神的凝聚与展现。

旧年会期内,各地来津的货物一律免税。政策利好,万货云集,南来北往的客商迅速成交,分明形成了规模庞大的物资贸易交流会,"数日卖货,亦利市三倍云"。

1936年,在天津有关方面的支持下,娘娘宫再度出皇会,这也成为老天津时期皇会活动的"绝响"。有幸的是,当时鼎章摄影公司拍摄了大量照片,为后世留下了宝贵资料。另外,民国年间也有画家以时事新闻图画的形

20世纪30年代老娘娘所戴凤冠

刘家园村祥音法鼓

式描绘过皇会花絮，曾见诸报端。

值得一提的是，清代彩绘《天后宫行会图》现珍存于中国历史博物馆，89幅图画中描绘了116道皇会表演，涉及4055个栩栩如生的花会人物形象，历史文化价值凸显。

时光荏苒，2005年5月1日，值天后1045周年诞辰之际，有关方面举办大型庆典活动，在津中断了近七十年的娘娘出巡、皇会踩街活动得以恢复，盛况空前，美不胜收。隆隆的大乐声中，金光闪闪、身披锦袍的天后圣像被信众抬起请出娘娘宫，此时礼花绽放，白鸽翱翔，夹道欢呼的市民向空中抛撒鲜花。

此次出巡的妈祖圣像高50多厘米，通体贴金，雍容富贵，又不失古朴典雅之美。为了再现往昔皇会的盛况，有关方面特依照古老形制复制了娘娘宝辇。高约3米、长5米有余的宝辇，选用上好木料，百工精雕细刻而成，辇上的传统纹饰龙凤呈祥、富贵牡丹、飞鹤祥云、吉祥卷草等呼之欲出，观者无不大饱眼福。

与宝辇出巡相拥的皇会踩街队伍，由旗、锣、伞、扇、十八般仪仗等执事以及大乐、马队、舞龙、舞狮、高跷、太平鼓、小轿跑驴、法鼓等各花会组成，津味民俗展现出来。

从娘娘宫、宫前广场、古文化街到海河畔，聚集了数万民众，盛装娘娘安坐宝辇之上，皇会相随，所经之处百戏相催，人声鼎沸，欢声笑语荡漾在津城，一派喜庆祥和的景象。天津人在此起彼落的热闹与红火中生活着，幸福着……

十六、老会出行讲规矩

老天津人办事讲规矩，特别是为天后老娘娘服务更不得马虎，什么事都得有板有眼，比如出皇会的路线、各会出宫的先后顺序等。

关于路线，笔者藏有一页广告故纸，其上清清楚楚记载了1936年为庆贺天后诞辰出皇会的路线：

农历三月十六日，由娘娘宫起驾，经宫南大街、磨盘街，进东门，出西门，过横街子、韦驮庙，入千福寺。

三月十八日，由千福寺起驾，经双庙街、铃铛阁、太平街、针市街、估衣街、毛贾伙巷、宫北大街，回娘娘宫。

三月二十日，起驾出宫，经宫北大街、大胡同、金钢桥、大经路、天纬路，到市政府（西辕门进、东辕门出），过估衣街，进北门，出东门，走袜子胡同，回宫。

三月二十二日，出宫，经磨盘街，进东门，出西门，走西马路、南阁、针市街、北马路、东马路、袜子胡同，回宫。

三月二十三日，宫中祝寿庆典。

这是民国时期最后一次出皇会。

再说出会的先后顺序。第一为门幡会，门幡是黄地青字的，系在高竿子上；二是太狮会，此会有道具，道具模拟娘娘宫山门内的两只石狮子，很威武；三为报事灵童会，该会可见小演员，

现今复制的宝辇

20世纪90年代初的高跷表演

儿童打扮成探子样，短衣束带，还带着令旗，小演员在抬阁上，有人抬着他们；四是中幡会，中幡镶边绣花，高一丈六，徐肇琼在《天津皇会考》中说，此会大多是厨师行的；第五为跨（挎）鼓会，十几个壮小伙挎着大鼓敲击，还有系着镲（响器）的，另有十六个小孩各拿两个小钹，他们能用小钹堆为"天下太平"字样；六是杠箱会，二人用大竹竿抬着漂亮的箱子，边走边舞晃动箱子，不时取笑逗乐；七为杠箱官会，这官人一手拿扇子，一手拿大烟袋，是骑在骆驼背上表演；八是捷兽云狮会，一众演员装扮成太狮、少狮，他们欢腾跳跃，摇头摆尾，很热闹；九为高跷会；十是十不闲会，大家抬着幼童数人，小孩们轮流唱歌……

接下来还有重阁会、抬阁会、爬竿会、地秧歌会、灵官会、许愿会、宝塔（灯亭）会、华盖会、鲜花会（参与者与小孩出天花顺利还愿有关）、花童会、大乐会、鹤龄会、銮驾会等。

到了第二十四方阵，就要有请五尊娘娘了，即子孙娘娘、癍疹娘娘、眼光娘娘、耳光娘娘、送子娘娘。压轴的是天后老娘娘圣像。此后，还有接香（护驾）会，这一干人马抬着扛着几口大锅，是为了收众人手中的香火的。

皇会出会的气派，可在清代

华盖宝伞会表演

《天后宫行会图》中进一步细细回味。

　　行会之所以在顺序上有一定之规，其编排的主事人主要考虑到各会之间的动静结合、高低有致、文武错落、歌舞搭配等因素，还要尽量避免各会因谁先谁后产生不愉快的情绪。其实，每次出会因参与演员、经济条件不尽相同，每年排序也不见得完全相同，求大同存小异，保持基本架构即可。

ZENGLIANG
YUEDU
增量阅读

■

老广告故纸上说皇会

笔者收藏有一页比较罕见的故纸——老天津厂商巧妙创意，利用出皇会的热点来推销肥皂，研读起来颇有意趣。

清光绪二十六年（1900年）八国联军入侵天津后，时局动荡，人心惶惶，兴盛了二百多年的皇会无奈停滞，仅在1924年勉强举办过一次。1936年2月，天津工商界头面人物纪仲石（纪华）、王晓岩（王凤鸣）等，鉴于市面萧条、百业不振之局，力倡恢复皇会，以振兴市场经济，传扬人文风俗。最后，经时任市长萧振瀛同意，皇会得以重新出会。消息传出，全城振奋，万民欢腾。

老娘娘出巡散福有恩泽，人们瞧皇会如同过大年，势必要梳洗打扮穿戴一新精精神神的。洗衣服用什么？看点来了，天津隆华造胰厂在皇会活动前夕发出传单广告，告诉市民洗洗刷刷就用他家的好肥皂（旧称胰子）。

民族实业家宋则久、教育家严修于光

清代《天后宫行会图》中的宝辇

绪二十九年（1903年）筹办创设天津造胰公司，始开中国化学肥皂业先河，津地制皂技术水平一直遥遥领先。隆华造胰厂位于南开杨家花园，即现今南开二纬路东段杨以德旧居一带。1921年天津警察厅厅长杨以德在此地建起欧式小洋楼，人们俗称杨家花园，该区域也随之日渐繁华，当时的《天津地理买卖杂字》有道："南门外，有澡塘，杨家花园有楼房。"地利，为隆华造胰厂带来好生意。20世纪30年代中期，该厂出品有万字老牌八角肥皂、卫生皂、有光牌肥皂、四季白条皂、福寿白条皂、隆华黑条皂、虎牌黑方皂等十多个品种，且可电话送货，随叫随到。

抓热点，做广告。隆华造胰厂的这纸传单标题为《皇会路线单》，其上突出位置写着："哈，天津皇会幸喜现在又出现了……今为一般观众服装着想，是否应该预先拆洗新鲜，不得不相当准备……"接下来，厂家标榜他们的肥皂物美价廉，在看皇会之前洗衣服之时要提早预备才好。这段开篇的一个"哈"字，诙谐风趣，即刻为说教推销增加了柔性，拉近了与顾客的亲和感，妙哉！

一般传单散发出去，受众往往随手弃之。隆华造胰厂想在前面，希望传单小广告能被人所留所用，于是在传单左侧特印1936年皇会出会路线，实用性大增。故纸所示路线为：农历三月十六日，由天后宫起驾，经宫南大街、磨盘街，进东门，出西门，过横街子、韦驮庙，入千福寺。三月十八日，由千福寺起驾，经双庙街、铃铛阁、太平街、针市街、估衣街、毛贾夥（伙）巷、宫北大街，回天后宫。三月二十日，起驾出宫，经宫北大街、大胡同、金钢桥、大经路、天纬路，到市政府（西辕门进、东辕门出），过估衣街，进北门，出东门，走袜子胡同，回宫。三月二十二日，出宫，经磨盘街，进东门，出西门，走西马路、南阁、针市街、北马路、东马路、袜子胡同，回宫。三月二十三日宫中祝寿庆典。此乃民国时期最后一次出会。

笔者另收藏有一张老商标，恰印行于20世纪30年代中期，为天津东兴机器染织厂特别注册的"同乐会"纺织品商标（如图）。同乐会高跷是皇会、津地民间花会中的精彩演艺。商标画中的高跷演员有《西游记》人物扮相、八仙人物扮相，还有小童子、老太婆扮相等，真乃活灵活现。厂商巧借百姓喜闻乐见的民俗活动来推销产品，效果自然事半功倍。

老天津商家广告巧妙与
皇会出会路线相结合

十七、文武高跷沿街闹

　　酬谢老娘娘演艺就要兴高采烈、热热闹闹，传统高跷会尤其适合。老天津素有高跷之乡的美誉，津派高跷至迟在清乾隆年间已出现，后来，杨一昆在《皇会论》中称："秧歌高跷，数见不鲜，唯有那溜米厂高跷人人称赞。"天津高跷以激情奔放、刚劲舒展、诙谐风趣闻名四海，历史上曾有120余道高跷会，遍布津沽大地。

民国时期天津市政府辕门前的花会表演

天津高跷的流派主要有京派高跷、冀派高跷、卫派高跷。其中又有文高跷、武高跷之分，文高跷所用的木腿子稍长，二至五尺不等；武高跷所用的木腿子略短，常在二尺以下。

清嘉庆年间，京派高跷传入天津后，很快被天津人很好地借鉴与传承，并融入津沽民俗民风中，发展成为个性鲜明的卫派高跷，至咸丰年间已差不多成熟。卫高跷动静相宜，刚柔并济，注重技巧的展示，仅劈叉动作就有撂地叉、盘腿叉、摔叉、抱腿叉等高难度绝技。卫高跷虽有火烈豪放的一面，但其中的柔美当是更深层面的内涵之一。粗而不野，柔而不媚，快如鸡啄米，慢似风摆柳，这些也是卫高跷的独特魅力。

卫高跷常依托戏剧中脍炙人口的角色来扮相，常见剧目有《混元盒》《金山寺》《四杰村》《渔樵耕读》《施公案》《翠屏山》《八蜡庙》等，但节目内容与戏剧并无太多的关联，形成"戏中有戏，似戏非戏"的特点。主要角色十几个人，这当中不时也穿插

普乐老会所用道具

同乐老会老物件

进"外添"的临时演员，起到活跃气氛的作用。

卫高跷在"老三点"锣鼓点的基础上，又不断衍化派生出四点、七点、行会点、下会点、逗花点等各种花点。最令人叫绝的，当数卫高跷中那源于民间的鲜活唱词、唱腔，唱词情趣化、口语化，表演有独唱、对唱、帮唱等形式。

卫高跷中还有专为娘娘宫出皇会时而专门排演的精品高跷会，如东南角的津道鹤龄会、庆寿八仙会，又如永丰屯的西池八仙会等，因这些会有酬神的性质，故又名"皇会跷"或"礼仪跷"。

出皇会队伍的过会形式也影响到天津老游戏，比如孩子们玩的"猜过会"。七八个孩子一起玩，先选出一个当庄家，一个人蒙上他的眼，其他的孩子比比画画，依次从庄家身前走过（模仿出会的队伍）。在庄家身后蒙眼的小孩要当解说员，比如说"装铁拐李的过去了""看书的过去了""打哈欠的过去了"，等等。走过者可任意做出各种动作，也可拍拍庄家的脑门，或捏一下庄家的鼻子，这时解说也要跟上："打你脑门的过去了。""捏你鼻子的过去了。"走过的孩子要不动声色地站在一旁，待庄家"重见光明"，蒙庄家眼的那个孩子问庄家："你想要谁?"比如说要刚才看书走过去的那个小孩，那就请庄家猜猜看。这不仅要看庄家察言观色的能力，也要看"过会"的人不露声色的本领。若谁被猜中了，就得上庄；若庄家没猜中任何人，则重新玩一轮。

祈盼丰收拜『八蜡』

　　《八蜡庙》是老天津高跷表演的经典节目，那么"八蜡"为何呢？细说起来，中国是传统的农业国家，民谚说："三十六行，种地为上；七十二行，庄稼为强。"天津设卫筑城之前，农耕民俗在社会生活中占主导地位，丰富多彩。在源远流长的农事祀神民风中，崇信"八蜡"是很重要的民俗活动。

　　《礼记·郊特牲》中有记"八蜡以祀四方"，"蜡"是古代祭祀的专用词，有"求祈"的意思。民间对这个字的读音莫衷一是，各地百姓有发cha（一声）音的；有发zha（四声）音的；也有发la（轻声或四声）音的。而"八"字传统上也写作"蚆"字。天津人俗信的八蜡指什么呢？一是先啬，如神农氏等；二是司啬，即后稷；三是农，为民间有助于田耕生产的官员；四是邮表畷，即田间的小亭子，因古时的督耕官时常驻足于此，传说小亭可显灵；五是猫虎，民间传说它们专吃有害农田的动物，有助于保护庄稼；六是坊，即堤坊；七是水庸，即沟渠、水道，农事关键所在；八是昆虫，人们希望它们不糟蹋秧苗，以便获得丰收。如上八蜡俗神从多层面上保护着农业生产和农家生活的丰收与祥和，百姓出于感念之心而建庙、塑像、绘影加以供奉。

清雍正三年（1725年）天津卫改升天津州，雍正九年（1731年）天津升州为府以后，所辖地区不断扩大，农业生产更为兴盛，八蜡庙在天津各地不难所见。据乾隆四年（1739年）的《天津府志》中的记载，八蜡庙的天津府庙在城南八里台，青县庙在城西门外，静海庙在北门，南皮庙在府馆西（明万历十年建），盐山庙在马神庙东（康熙十五年重建），庆云庙在马神庙前。另外，在素有九桥十八庙之称的葛沽镇，老年间曾有一座类似八蜡庙的神农堂，庙内供奉着神农氏。天津各地的八蜡庙香火不断，特别是每年腊月的酬神庙会活动更为热闹。

天津蓟县（今天津蓟州区）有个村子名叫"侯三八"，这原本是明代三个相邻的村落，分别是侯家营、三家店和八蜡庙，三个村于1954年合并，取村名为"侯三八"。

十八、百看不厌是法鼓

素来，法鼓是出皇会中的重头戏，天津人百看不厌。

法鼓源自佛教文化音乐，传统演奏专为酬神，音乐虽相对简单，但突出和谐、庄严、浩大之感。法鼓乐器主要有鼓、钹、铙、铬、铛等打击乐器，以鼓为主，其他为从属协调。

一般情况下，鼓在演出阵容的中央，左为钹，右为铙，铬子、铛子随鼓后。出会行进过程中遇到停歇或民众"截会"，除了正常敲击外，演员可各自拿着乐器舞耍一番。

陈家沟小石道东码头同心京秧歌会

霍家嘴平音法鼓老会

老会的拜帖与拜匣

法鼓节奏急缓高下有秩，尤其在又急又高时（行话"上力"），最能博得掌声。

天津人喜欢法鼓。老年间城厢内外有不少民间演艺团体，各团体谓之"会"，然后各家根据地名、特色等不同情况各自冠名，比如宫音法鼓会、金音法鼓会、东园法鼓会、西园法鼓会等。

按传统，演员大多为当地百姓或家族，有子弟会的遗风。另外，代代相传的法鼓会也不在少数。玩会的以自娱自乐为主，人数有的六七十或百余人，平常大家各忙自己的营生，老娘娘诞辰出会才是最热闹的聚会。各会见了面都彬彬有礼，相互送上大红的拜帖，以示郑重。

直到20世纪30年代，天津民间的法鼓会依然很盛，有资料统计，当时较为知名的会约三十家，如永音法鼓会（侯家后）、魁音

20世纪90年代初的茶炊子表演

法鼓会（河北关下）、同心法鼓会（南头窑）、西园法鼓会（小园）、振音法鼓会（北门内）、合音法鼓会（锦衣卫桥）、中音法鼓会（盐坨）、广音法鼓会（紫竹林）、涌济扬音法鼓会（盐坨）、宫音法鼓会（娘娘宫前）、乡音法鼓会（陈家沟子）、同云法鼓会（太平庄）、花音法鼓会（芥园）、同议法鼓会（中营西）、立源法鼓会（镇署西）、霞云法鼓会（项家胡同）、归音法鼓会（东门外）、津音法鼓会（玉皇阁）、亭云法鼓会（西门外）等，不胜枚举。

东园法鼓会、西园法鼓会成立较早。传说明朝燕王扫北时东园法鼓会就随军来到了天津卫，初在紫竹林东园设会址，庚子之乱以后，该会已不能在法租界待下去了，于是迁到大直沽。

西园法鼓会先在大园村，后转小园村接续，他们的演奏、耍练技巧有自家特色，最出名的节目（牌子）有狮子滚绣球、老河西、蹦腿，以及单裹脑、缠手腕、拉纺车等，该会在皇会队伍中有一定的地位优势。

金音法鼓会在大觉庵，成立于明朝永乐年间，传说是由辛庄、侯家庄、杨家庄、大觉庵四个村合办的，人数达四五百人。金音法鼓会的鼓点很动听，声誉广传。

宫音法鼓会约创办于清光绪年间，会中人多是娘娘宫前的老居民，他们的道具更讲究，软硬对联、茶筲、茶炊子、圆笼、旗子、灯牌等让人目不暇接，还有两面金色大鼓，架在漂亮的鼓架上，架上又有彩灯等装饰。

十九、各会巧艺放异彩

出皇会的主旨是为天后老娘娘庆生，各会献艺，法鼓、狮子、中幡、大乐、花鼓、高跷等表演大放异彩，堪称万人空巷，喝彩声响彻云天。《天津皇会考纪》有载："通宵如是，直至夜阑不散。烛灭香消，未觉东方之既已白。"法鼓会可谓一大亮点，参会的队伍也多，除前篇所述之外，还有花音法鼓会也值得一提。

旧年的花音法鼓会位于芥园，表演者有八九十人，他们拿手的节目有老河西、新河西、绣球四钹、龙须等，大多数演员穿着自制的漂亮好看的五彩服装。到了20世纪40年代后期，因经济不景气，会中做不起好衣服了，一律改穿蓝布大衫。其实，花音法鼓会与当地的鲜花会是同一组织，为附属性质。

芥园不远处有南头窑，那里有同心法鼓会，演员以附近居民为主，该会分为老人、壮年、孩童三个班，每班三十多人，乐器齐全，道具漂亮。

出会时若有百姓"截会"，这正是演员一展才艺的好机会，他们尤其擅长表演双龙出水、雷震三山塔、丹凤朝阳、打擂、四不像、老河西、绣球等，让人眼花缭乱。

民间传说，清末年爱新觉罗·载涛来天津时（戴愚庵有《小七爷下天津》），同心法鼓会曾接过驾，受过皇族的赏赐嘉奖，所

清代《天后宫行会图》中的公议太狮会

以会中人皆以此为荣。

永音法鼓会在侯家后中街，相传成立于明朝永乐年间，最兴盛时会员有二三百人。表演过程中他们有拿手好戏，演员可把钹或铙抛向空中（行话"出手"）再接住，瞬间仍不停敲，上上下下，真让观众眼花缭乱。

赶上喜庆大日子或到庙里拜娘娘，永音法鼓会演员一律穿灰色绸袍、黄缎马褂，上演对联、双桥、狮子、老河西等特色节目，但平常不会演这么多。

井音法鼓会在北马路龙亭前。龙亭是一方宝地，老天津民间故事说，有一年乾隆下江南，农历二月初一路过天津卫，当晚住在北马路五彩号胡同龙亭。第二天清早，乾隆问随从是什么日子，随从说是二月二。乾隆听了很高兴，他说是龙抬头、剃头的好日子，于是他在此处剃头、理容，图大吉大利一路平安。

井音法鼓会就是成立于乾隆年间，以后也有传闻说海张五的后人投入过资金，将井音法鼓会办得更加有声有色。海张五在老天津财大气粗，他原名张锦文，咸丰年间靠贩盐积攒了万贯家财。

堤头庆云老会所用食盒

法鼓是不可或缺的老娘娘的随驾演艺，民间口传昔年最红火时有一百多道法鼓会，1936年最后一次出皇会时也还有三十多道法鼓会参加，群众基础非常广泛。此外，天津人在庆丰收、贺新年、庙会上也常见法鼓演出。

薪火相传，2008年6月第二批国家级非物质文化遗产名录发布，以挂甲寺庆音法鼓、杨家庄永音法鼓、刘园祥音法鼓为代表的津门法鼓名列其中。

高跷会旗帜

二十、葛沽宝辇有魅力

宝辇会，堪称津南古镇葛沽逢年过节的民生大戏，源于妈祖文化俗信。葛沽宝辇会始于明代永乐年间，在数百年的历史传承与时代发展中，融汇了复合、多元的人文，独树一帜的魅力来自津沽民俗崇信、生产习俗、生活心态、民间工艺、民间演艺的积淀。

传统宝辇会由八道宝辇和两道灯亭组成，辇，是其内核要素。辇，自古为天子所乘，而葛沽宝辇上敬奉的是护佑三津的娘娘圣像，可见葛沽人对娘娘的深厚感情。

葛沽临近渤海湾，海河入海口绕镇而过，世代民众以河海漕运、渔业、盐业为生，宝辇会就是老百姓在渔闲农歇的春节期间，为酬谢娘娘垂护而举办的庙会活动。

在葛沽，不仅有我国沿海共尊的海神妈祖，还有由京畿文化演绎而来的碧霞元君、泰山娘娘等。

宝辇会最热闹的日子是正月十六娘娘出巡，以葛沽娘娘庙为中心，景况盛大。据传，娘娘庙建于明代万历初年，庙中的祀奉多依照北京妙峰山娘娘庙而设，正中为碧霞元君的化身穿霄、云霄、碧霄。

拜娘娘，寄托了人们的美好心理，期盼风调雨顺，渔盐生产

娘娘出巡散福

顺顺利利，祈求生活富足祥和，祝愿子孙兴旺平安。

辇的古代形制是有轮子的车，而葛沽人赋予娘娘更神异的一面，辇被改作无轮，众人高抬巡游。

乡人说，宝辇最先是把神龛装在八仙桌子上，后来，地方官也参与其中并允许借用官轿抬娘娘。葛沽的宝辇实为与皇权御辇求同存异的创新，葛沽人从情感上升华了辇的内涵。

海神妈祖以护佑渔家船夫的安危而感天动地，深受妈祖精神感召的葛沽人在长期的生产生活中也形成了帮访互助、友善相待的民风。宝辇会从开始就出于民间自发，百户千家纷纷捐资赞助，各道会的参与者皆为义务，大家在春寒料峭中的翩翩操演只有欢乐，无人计较酬劳。

自正月初二开始，耍乐会就陆续上街了，各会除了拜桥、拜庙、拜会所之外，会与会之间也要相互走访，俗称"拜会头"。在互拜过程中，一些平日里发生过不愉快的人，也常常言归于好，"咱们都是给娘娘抬辇的"可化解许多"干戈"。

听镇上的人说，虽然会期内是人山人海，但社会秩序安定祥和，从未发生失窃或打架斗殴的事。

辛劳一年的葛沽人在春节、元宵节期间办庙会，这又是富而思乐之举，群情高涨。天津码头的民俗生活心态中不乏斗富讲排场的一面，此地，得渔盐之利的富户多，酬神也好，娱己也罢，各会各茶棚之间比着热闹。

庙会分耍乐会和八驾大辇的座乐会，到了正月十四耍乐会的锣鼓响透全镇时，座乐会开始在固定地点搭灯棚设摆。搭棚要分陆地棚、水榭棚、过街棚等，六七十平方米的灯棚被装饰得好似宫殿一般。

二十一、古镇仪仗与銮驾

葛沽宝辇庙会最引人注目的是每驾辇前耀眼的仪仗，是宝辇的重要组成部分。传统宝辇仪仗依清代皇帝出巡仪仗"大卤簿"设摆，纷繁浩荡，威严高贵。再看宝辇上的灯，近瞧如灯山，远观若灯海，与灯亭、灯棚等交相辉映。

葛沽宝辇的诸多讲究还体现在辇的工艺装饰上。各会以宫廷美术为范本，请能工巧匠不惜重金造宝辇，每驾辇从头到脚丝毫不含糊，极尽富丽堂皇。在高达丈余、重逾千斤的宝辇上，九龙跃海、双凤朝阳、牡丹喷芳、梅花翘首等纹饰雕刻玲珑剔透，工艺不凡，大小围子的刺绣图案也古朴典雅，不厌其精。对宝辇形式美的追求，不断促进民间工艺的进步。

葛沽人以独特的文化心态，借鉴并升华了皇朝典仪、宫廷艺术，使其在宝辇和出会活动中得到了充分运用。缤纷的仪仗与装饰，齐备、考究而正统、显赫，这在中国沿海民俗中是不多见的。

再说滨海古镇北塘的娘娘驾。地处蓟运河入海处的北塘，渔民出海行船安全是头等要事，北塘娘娘宫约始建于清代道光、咸丰年间，地址位于热闹的兴隆街。依惯例，逢农历三月二十三老娘娘诞辰日前后，人们常举行各类民俗庙会活动，娘娘出巡，观者如潮，但此时正是北塘的渔忙季节，渔家分身乏术，于是，当

人涌如潮看会来

地渔民在冬闲的农历十一月十四日、十五日请出本地的娘娘驾，请娘娘散福，也为庆祝一年的丰收，俗曰"补日子"。

北塘的娘娘驾特点鲜明，依北塘娘娘宫建筑模样，用金丝楠木按比例依古法缩微而成。十几平方米的銮驾平台四周有木雕围栏，銮驾上有幡杆、牌楼、钟楼、鼓楼、正殿等，还有可以升挂的红灯、幡旗，可谓高低错落，交相辉映。缩微建筑屋檐下有大小钟铃，在清风中会发出鹤鸣般的声响。

出巡时，娘娘驾由十六人用龙头大杠抬起，驾前有铜锣开道，旗锣伞扇执事相随。"跑驾"是活动中最壮观热闹的场面，身穿蓝衣、腰系红绸的汉子们威风八面。只见娘娘驾不时腾空而起，稳稳地从人群头顶而过……入夜，人们在驾前燃亮火把，点亮红灯，仍旧欢歌如潮。旧时即使遇风雪，抬驾、跑驾的男子依旧单衣薄靴，巡于闹市，行于岸滩，英姿飒爽。

20世纪30年代，盛极一时的北塘娘娘驾受战乱影响，又随着渔业生产的衰微，娘娘驾也暂隐民间了。1996年，北塘的能工巧匠依旧制古法复建娘娘驾。

包括北塘在内的塘沽渔家，在长期的生产生活中信奉天后娘娘、碧霞元君、龙王等神祇，希冀波平万里，风调雨顺，鱼虾满舱。旧时每年开春鱼汛一到，渔民首次出海捕捞前都要郑重地祭拜海神娘娘，同时向大海中撒粮撒米，意思是先喂饱大小海怪，让它们不要再侵害行船作业的渔夫。首航归来，渔民们又要酬神庆贺一番。

二十二、墨稼斋彩绘圣像

　　俗话说，佛要金装，人要衣装。娘娘宫正殿里的天后圣母宝像是泥塑造像，根据旧年庙里的定规，塑像的彩绘、粉饰皆由墨稼斋独家完成。

　　墨稼斋塑像店位于宫南大街，由马家开办，义务为老娘娘服务。其实最初并非如此，这里有故事。

　　除了正殿内安坐的娘娘像，在后殿另有一尊轻巧的娘娘像，比正殿里的塑像要小一些，此像的内里为藤胎，外敷布料，表面

清代娘娘宫中不同职能的娘娘像拟人特点凸显

再彩绘描画，行内称之为"托纱像"。因为不是泥胎，其分量较轻，方便出皇会时请出，乘宝辇出巡。后殿内的眼光娘娘等四尊"分灵"像体量更小，均为檀木雕刻，外以香泥（香灰和成）装饰塑画。

每次出皇会前，上述五尊娘娘像的塑画"整容"工作是庙里的大事。早先，墨稼斋为娘娘彩绘容颜（以画头面为主），每位只象征收五吊钱，但后来随着娘娘宫一带泥塑铺子增多（与拴娃娃习俗相关），各买卖家抢行市的事不免接踵而至，因为谁都明白，给庙里塑画是大单。结果呢？有点恶性循环了，买卖家互相砸价，闹得一塌糊涂。

墨稼斋老板是传统商人，按行规及皇会规矩办事，即出皇会前一个月左右要由娘娘宫和扫殿会（属服务性质）下帖子，郑重其事地去请墨稼斋帮忙，如此这般墨稼斋才来干活。有一年，不知啥原因，娘娘宫迟迟没给墨稼斋送帖子，直到出会前几天才送，墨稼斋老板因此有些不满，便不想应承差事了。这岂不麻烦了？

可娘娘宫的人却不这么认为，他们觉得墨稼斋的人也喜欢玩会，是皇会中的一员，应该来干活的。另外又说，只要给墨稼斋银子，他们不可能不来。没承想啊，话传到墨稼斋老板的耳朵里，导致气上加气……最后，凭中间人出来说和，墨稼斋才出面为娘娘彩绘容颜。到了给工钱的时候，墨稼斋老板说，干这活也属于参与皇会"上会"的性质，是尽义务，若是为了工钱，即便给再多也不会干。

君子一言，驷马难追，墨稼斋分文不取，让娘娘宫、扫殿会挺感动，特意给墨稼斋贴了一张黄报（告示、海报），也从此留下了惯例，但凡出会搞活动都请墨稼斋为娘娘彩绘容颜，墨稼斋尽义务，其他商家便不得从事了。当然，除此之外的庙里其他塑像整修的工作，别的泥塑铺还是可以承揽的。

作家冯骥才在《神鞭》中也写到了墨稼斋："那年头，天津卫顶大的举动就数皇会了，大凡乱子也就最容易出在皇会上……往后一年，香火引着海神娘娘驻跸的如意庵大殿，百年古庙烧成了一堆木炭。不知哪个贼大胆儿，趁火打劫，居然把墨稼斋马家用香泥塑画的娘娘像扛走了。因为人人都说这神像肚子里藏着金银财宝。急得善男信女们到处找娘娘。您别笑，您也得替信徒们想想：神仙没了，朝谁叩头?"

民间木版年画中的老娘娘形象

二十三、不断修缮记沧桑

　　始建于元代的娘娘宫是天津市区现存最古老的砖木结构建筑群，有史可据的自明永乐元年（1403年）大规模重建以来，娘娘宫历经二十多次大小修缮，几百年来形成了独特的历史与民俗文

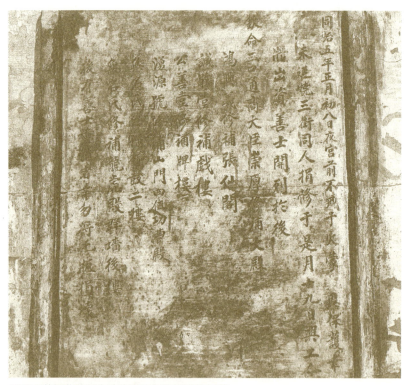

正殿天花板背面记有清代同治年间修缮的细节

天花板"双鹤领云"图案

化积淀，也承载了岁月的沧桑。

清康熙《天津卫志》记："天妃宫在卫城东河边，元朝建，明永乐元年重建，正统十年（1445年）参将杨节重修。"这是迄今所见最早的关于娘娘宫始建后修缮的史料。杨节身为一方守备，奉命统兵修建，可见朝廷对厢风卫俗的关注。永乐元年和正统十年的两次修建，在很大程度上改变了娘娘宫的元代风貌，从而使明式建筑风格传承至今。

娘娘宫正殿前接抱厦，后接凤尾殿，三进勾连的形式堪称经典，这是明万历三十年（1602年）正殿扩建时的形制。正殿天花板背面的遗墨为此次修建提供了重要佐证："万历三十年六月二十五日重建，太监马堂，监工王枢，善人孙济……"另外还有木匠、画匠、瓦匠等参建者的姓名。1985年大修正殿时，工程技术人员不仅发现了上述遗墨，还在尘封的天花板与额枋间悉心觅得明代

翻修地面

彩绘的原貌。彩画由表至里共四层，最内层为"双鹤领云"图案，其"方光""圆光""岔角云"等造型精美，颜色以蓝、绿、红为主，显现着迷人的明代彩绘艺术神韵。

　　入清后，老城南斜街居民于顺治十七年（1660年）集资再次修缮正殿，并在天花板背后题记："后有重修，年号不可毁坏。"康熙十三年（1674年），正忙于纂修《天津卫志》的天津道副使薛柱斗体察沽上民风，在春季重修娘娘宫牌楼并置"海门慈筏"匾额。娘娘宫各类花会、老会被乾隆皇帝所赏而得名皇会后，娘娘宫在乾隆十四年（1749年）又增建山门，门额补镌"敕建天后宫"。娘娘宫原无山门，前殿为面阔三间的过堂殿，此次增建改变了娘娘宫三百多年以来的建筑总体平面格局，建筑中心向东推移，从而拉近了与幡杆、戏楼的距离，原有的宫前集市街面也因此缩小。这一格局在清代画卷《潞河督运图》中也显而易见。

　　乾隆四十五年（1780年）和乾隆四十九年（1784年）

戏楼曾辟为茶社

娘娘宫又历经两次修缮。现今发现的正殿天花板的彩画图案被新覆"坐龙"图或许就产生在此时。在康熙至乾隆年间的数次修建中，来自皇朝的思想与形制一次次深深地融入了娘娘宫的建筑文化中。

　　有趣的是，乾隆年间修建娘娘宫的工匠得鲁班点化的民间故事，还曾被天津诗人李庆辰收录在笔记小说《醉茶志怪》中。故事说，正殿修成后，许多人发现其与原貌不尽相同，但一时又找不出所以然。大家正一筹莫展之时，忽然有一个疯癫之人至此，嘴里不停地唠叨着"饭菜尚可，就是缺点盐呀"之类的话。在工匠们的阵阵嘲讽中，那人一阵笑声过后便无影无踪了……

二十四、见证史事"千秋带"

笔记小说《醉茶志怪》中说到清乾隆年间娘娘宫修缮的故事，疯癫之人说罢"饭菜尚可，就是缺点盐"后就无影踪了，工匠们一时摸不着头绪，可转念一想，短盐？盐，檐也，莫不是说檐子短了？于是重新接长了椽子与房檐，果真与原貌一样了。后来百姓传说，这些工匠在修正殿时得到了鲁班师爷的点化。

娘娘宫正殿月台石基侧面刻着"道光二十七年五月重建"的字样，至今依旧清晰，道光二十七年即1847年。另据正殿天花板背面的"千秋带"文记，同治五年（1866年）正月初八晚间，宫前不慎失火，山门遭焚。"蒙恩护幸未延烧三街，同仁捐修，于是月十九日兴工，今将出资善士列于后……后有重修者，幸勿将此版损坏。"

光绪五年（1879年）、十四年（1888年）、二十一年（1895年）、三十年（1904年），娘娘宫又分别重建或修缮了药王殿、钟楼、鼓楼、张仙阁及其他配殿等。清末，正殿天花板的彩绘图案已由"单鹤"代替了乾隆年间的"坐龙"。

1923年，由扫殿会与香烛社监修，众绅商重建藏经阁，并遗存有《重修天后宫后楼碑记》两通。1925年前后，宫中南北两侧的一些配殿又经过不同程度的整修。

1954年，娘娘宫被列为市级重点文物保护单位，主要建筑得以维修油饰。据推测，正殿天花板曾出现的"和平鸽"彩绘图案即是这一时期的产物。十年动乱期间，娘娘宫建筑遭到严重破坏，千疮百孔。1985年，天津市在复建宫南大街、宫北大街并辟为古文化街的同时，娘娘宫得以历史性全面大修、重建，各界之贡献广为传颂。

在娘娘宫山门前有两棵高耸入云的老幡杆，南杆26.2米，北杆25.9米，引人驻足仰目。幡杆由铁糙木和铜糙木拼构而成，通体无痕，下部周长2米有余，难以撼动。尤其是幡杆顶端的鎏金桃形顶，历经几百年风雨始终金光烁烁。

有关幡杆的始建年代，一直被人关注。漕运文化是天津城市历史的重要组成部分，位于三岔河口的娘娘宫就是为护佑海漕安全而建的，这一带是商民泊船的聚集之地。自元至元二十年（1283年）漕粮首至津门后，无

1925年夏重修娘娘宫后楼（藏经阁）碑记

旧建筑构件遗存

2011年3月修缮

论是河海联运北上的船只，还是后来的海运大船，多数要停靠在宫前码头。众所周知，幡杆高挂红灯的导航作用是非常明显的，宫前幡杆也许在这一时期就矗立于此了，也许早于元泰定三年（1326年）。当人们择此地利建娘娘宫后，幡杆也逐渐有了庙产属性，为娘娘宫的总体建筑风貌平添了光彩。

二十五、幡杆戏台老故事

娘娘宫山门与戏台之间的宫前广场有一对老幡杆，至清康熙、乾隆年间，天津人在出皇会、办庙会的时候常在幡杆上高挂起幡旗或红灯笼，以示庆贺。幡长丈余，上书"敕封护国庇民显神赞顺垂佑瀛堧天后圣母明著元君宝幡"二十四个大字，蔚为大观。

另外，乾隆时期的《潞河督运图》中就已清晰描绘此幡杆，其形制与时下无异。

据《大直沽天妃宫碑记》表明，东庙（天妃宫）创建之初曾有江浙僧人庆福、智本等在此住持，后智本圆寂，"众请主西庙僧福聚来继其任"。西庙即东门外娘娘宫。佛家寺庙并无立幡杆之说，只有道观立幡杆，不知是否可以推测幡杆立于道家接手娘娘宫之后呢？

据康熙《天津卫志》记："礼部札付道士邵振祖领道藏一部。"邵振祖住持娘娘宫的时间在明代正统十一年（1446年）。邵振祖是道教清微正乙派第八代传人，在他之前已有第七代传人李德晟在此多年。然而，这明显与僧人管理娘娘宫有时间上的重叠或矛盾，首立幡杆的人是僧是道，似乎仍不得其解。如若以道教而论，幡杆建置的时间或许在明正统十一年左右，这是否更符合娘娘宫建筑修缮发展史呢？当时，守备天津的参将杨节主持了娘娘宫建筑

20世纪70年代末宫前广场与幡杆的夹杆石

维修加固幡杆

史上重要的一次修建。

近年来，不断有专家学者对幡杆的"身世"进行研究。董季群结合乾隆四年（1739年）的《天津府境舆地全图》与《潞河督运图》认为，幡杆建立的时间应在乾隆四年至乾隆五十三年之间（1739—1788）。

话说2004年夏天娘娘宫整体修缮时，在幡杆的鎏金顶内发现"天书"两册，文物工作者根据天书内所夹的字条推断，北幡杆为同治五年（1866年）重立，南幡杆为光绪二十一年（1895年）重立。

宫前广场的戏台（戏楼），旧年它直对娘娘宫内的圣像，是酬神演戏的重要场地。老戏台为木结构楼建筑，跨街而设，下有门洞，从宫前可直通海河码头。戏台门洞中有两个小门，是方便演员上下场进出的。戏台的前台与后

幡杆金顶内遗存卷册

幡杆金顶内卷册中所夹故纸

宫前戏楼与幡杆全景

台相连，戏台正中挂有"乐奏钧天"匾。戏台顶棚中间有一个六角形的透音孔，左右的台柱上有抱柱对联。

每逢农历三月二十三天后娘娘诞辰之际，这里都要上演神戏为老娘娘祝寿，让民众欢娱。民间相传，光绪年间谭鑫培、王长林、龚云甫等名角都在此演出过。

不仅如此，漕运船队平平安安归来后也会请戏班子来此演艺，答谢娘娘一路的护佑。如此自然聚拢了大量人气，戏楼一带很早就形成了繁华的商贸集散地，买卖家鳞次栉比，这在老照片中不难得见。

20世纪六七十年代，娘娘宫命运多舛，戏台被拆毁。

老年间，酬神演戏的大戏台是正对庙门的，人们俗信娘娘坐在大殿就能看到戏台上的节目。在20世纪80年代中期复建过程中，因地势原因，戏台与山门轴线有了些许变化。

老娘娘琐话
妈祖文化在天津

LAONIANGNIANG SUOHUA
MAZUWENHUA ZAI TIANJIN

ZENGLIANG
YUEDU 增量阅读

德盛窑发迹于宫前

　　清光绪二十五年（1899年）前后，河北唐山陶瓷业大户秦履安来到天津，在娘娘宫山门外海河岸边路西（旧宫前集、宫前码头，现戏楼附近）开办了德盛缸店，专门售卖自家所产大缸、瓷盆等粗瓷货品。老年间，大缸储水、存粮、腌菜，大盆发面、和面，特别是逢年过节的时候盛鸡鸭鱼肉，家家户户离不了，民生需求量很大，生意不愁。

　　清代中晚期，天津已发展成为我国北方重要的水陆码头、经济中心，辐射三北，贸易互通繁盛，城市消费量与日俱增。秦履安洞察市场前景，于是在娘娘宫前集市码头开设了德盛缸店。这一带是寸土寸金的宝地。其一，宫前集早在明代就已兴盛；其二，码头连通渤海港与内河航运，大小船舶往来频仍，热闹非凡。德盛缸店就在河岸边，坐享商贸之利。秦家德盛缸店落户天津，顿然为深处唐山一隅的陶成局打开了重要的商贸窗口，意义非比寻常。

民国时期娘娘宫山门内可望见宫前戏楼上的德盛窑厂广告

　　光绪二十六年（1900年），也就是秦家在津开店的第二年，秦履安见生意开局平稳，于是让儿子秦艺林接管了德盛缸店。除常规粗瓷外，德盛号还销售缸砖、耐火砖、水泥、砂石等建材。与此同时，陶成局又在天津陈家沟铁道旁开办了焦炭厂，所产大多供应天津造币总厂，获利丰厚。

　　老天津一直是唐山德盛窑的重要舞台。约1924年，娘娘宫前的德盛缸店更名为德盛窑业厂总事务所（总批发处）。

二十六、海眼传说与泉井

　　地处九河下梢的天津老城厢地势相对低洼，地下水较多。老百姓传说，娘娘宫中老年间曾有七眼泉井，谓"七星井"，另一个版本又说有十三眼泉井。时光荏苒，改革开放后开浚探明的仅五眼。

　　有关风俗史料与口口相传称，早年庙里的泉井水与城里其他井水相比，口感好很多，但不知何因，在后来较长时间内庙里的井水消失了。鉴于地下水因素，且近邻海河，也有人附会说从娘娘宫的总体格局、平面图来看，老庙俨若一艘扬帆的古船，让人称奇。

　　与之相随的又有"海神娘娘坐海眼"的故事，更像神话了。说那海眼从上边看像一口井，而底下与渤海相通，随着潮起潮落，海眼内的水位也会变化。老娘娘安坐海眼之上，在此"福主三津"。

　　其实后来也有人将信将疑地分析，说"海眼"也许是老年间庙里的老道演绎出来的，其目的无非是增加娘娘宫的神秘感，进而抬高宫庙地位与身价，以此获取更多的香火收益。

　　另外，老辈人也爱讲故事，说日军侵华占领天津时，有日寇企图拉倒娘娘塑像，结果稍微一动就冒出了海水，将那些歹人吓

妈祖井泉

得够呛，只好作罢。

　　1985年娘娘宫重建时，经有关部门勘察，发现娘娘像下面有一硕大的树桩，桩下连着泉眼，挪动树桩自然有水涌出。

　　20世纪80年代末、90年代初，若有人遇雨游览娘娘宫，也许会发现大殿前地面不断出现溢水的现象。雨中，地砖缝里会随着雨的节奏往外溢水，有的地方竟能"喷"出几厘米高，大的像伞，小的像蘑菇，也算一景。这实为雨泉共涌现象。

眼光娘娘人偶像

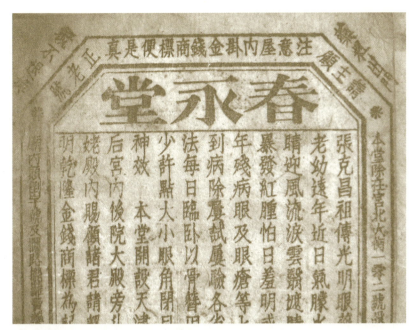

春永堂老仿单

1994年，娘娘宫在大殿月台前北侧重浚出清中叶废弃的一眼泉井，取名妈祖泉，井深6.4米，水质清澈甘美，井水的水面高于近在咫尺的海河水位，几乎与地面持平，水温四季在10摄氏度左右。

1999年，娘娘宫在月台前南侧又开凿出普济泉，打井过程中，笔者亲眼所见井中有许多水脉，水如泉涌。凿井竣工后，人们品尝井水的滋味，却发现与一旁的妈祖泉水大不相同。从建筑美学角度欣赏，此双泉抱殿的景象在当时国内的庙宇中并不多见。

有些善男信女有时会取一点井水擦洗擦洗眼睛，俗信可明目降火，其实这与崇祈眼光娘娘、"磨磨眼亮"的旧俗是一脉相承的。

老娘娘宫里的眼光娘娘又称眼光明目元君，《道藏》中称其能治疗一切眼病。眼光娘娘塑像下有一个白铜盘子，象征人的眼睛，

庙内地下水资源曾较为充沛

患眼疾的人前来求祈时可供上一点香火钱，然后用一枚铜钱蘸少许香油在铜盘上磨转几圈，待铜盘发亮，寓意疾病已消减，双眼亮堂堂了。转身再到斗姥殿买点眼药，再用井水洗洗眼，真乃多管齐下。

『磨磨眼亮』与春永堂眼药

天津城市品格素来具有广采博纳的包容特征，之于地域文化的发祥地——天后宫来说莫不如此。天后（妈祖）自元代泰定年间北上至津，即与天后宫一道成为这座城市民俗生活发展的重要核心所在。随着历代天后文化的不断传扬，其职能早已从单纯的护海助漕得到扩展，成为民间的"万能圣母"。天津人不仅亲切尊称天后为"娘娘""老娘娘"，也祈盼娘娘发挥更多的职责，来满足日常生活中的各种心理需求，佑护吉祥平安。有鉴于此，天后宫的管理者与善良民众相继为天后加塑"助手"，宫中从而派生出眼光娘娘、耳光娘娘、送子娘娘、乳母娘娘、斑疹娘娘等，以及其他众多附属民俗神。

眼光娘娘又称眼光明目元君，《道藏》中称其能治疗一切眼病。旧时，眼光娘娘塑像位于正殿内天后圣母像右侧的佛龛里，相对体量较小。眼光娘娘慈眉善目，手里托着一个形似人眼的模型，象征明目祛疾。

眼光娘娘脚下另放置着一个竖立的白铜材质的盘子，直径30厘米左右，象征人的眼睛。患眼疾的人前来求祈时可供上一点香火钱，然后请道士或伙友帮助"磨磨眼亮"。此举就是用一枚铜钱蘸少许香油，然后在那铜盘上磨转几圈，待铜盘发亮，寓意疾病已消减，双眼亮堂堂了。另外，20世纪二三十年代天后宫北侧中部还专门辟有眼光娘娘殿。

心理抚慰、愉悦自然有助于疾病康复，但百姓同时更需要实际的医疗，比如他们转身可到宫中的春永堂顺便买些上好的眼药，可谓"双管齐下"。民国时期天后宫中的多处殿堂出租给商户，加之院内庙市生意红红火火，对补充宫庙收入起到了一定作用。春永堂位于眼光娘娘殿西侧的斗姥（斗姆、斗母，北斗众星之母）殿内，两殿一墙之隔。

笔者曾对当时遗存的一纸春永堂仿单（宣纸，广告说明书）进行过解读。仿单上云："祖传光明眼药，主治男女老幼远年近日气朦火朦，胬肉攀睛，迎风流泪，云翳遮睛等七十二症，药到病除，屡试屡验，各省驰名。"天后宫内游人多，春永堂眼药销量广，因此市面上也难免会出现毁誉坑人的冒牌货，为此，春永堂特在仿单上广而告之："本堂开设天津东门外天后宫后院大殿旁斗姥殿内，赐顾诸君，请认明'乾隆金钱'商标为记"，并提示顾客要"注意屋内挂金钱商标便是真"。春永堂内外所悬的标识、招幌与仿单上所印的商标完全一致，让人一目了然，广告意义也凸显其间。

昔日，春永堂眼药疗效迅速、适用范围广，加之近借眼光娘娘灵光，因而赢得了良好的口碑，曾有"天后宫一宝"的美誉。值得思考的是，一种眼药与天后娘娘、眼光娘娘同处宫中，甚至达到唇齿相依的程度，事出偶然吗？非也。无论是精神心理之愿，还是生活实际所需，只要和谐共存，各尽所长，"天人合一"地有助于民众幸福，自然会传为佳话。

如今，虽时过境迁，但天后娘娘的祥瑞之气始终如一。宫中正殿前有妈祖泉井、普济泉井，人们游览时总会被那"双泉抱殿"的景致所吸引。前几年常见游客特意捧起甘泉水擦洗双眸，顿觉目明眼亮，神清气爽。

二十七、庙里办学传薪火

作为我国最早对外开放的城市之一，天津在全国较早地废旧
学、办新学，乃至废庙兴学（依庙、近庙办学），率先诞生了一批
有影响的新式学校、名校，其中的丁字沽小学至今仍然存在。

笔者曾于2011年6月到该校调研。学校是清光绪二十九年
（1903年）在丁字沽娘娘庙原址，借庙西配殿及一间平房做校舍创
建的，当时称第四半日学堂。丁字沽娘娘庙的知名度较高，早在
同治九年（1870年）的《续天津县志》中就有记载。

该小学是存在原址、原功能、原建筑的教育遗产，被誉为
"废庙兴学的活化石，近代新式教育的摇篮"，具有一定的史学
价值。

无独有偶，东门外娘娘宫文昌殿旁也诞生过一所学校。

清末民初正是天津近代教育兴旺发展的重要时期，各级专业
技术学校方兴未艾，如知名的北洋大学堂、直隶高等工艺学堂、
北洋女子师范学堂等，也包括娘娘宫中的天津民立初等商业学堂。
这所学校由天津商会创办，后又名天津县第一初等商业学校。天
津商会是近代中国影响较大的社会团体之一，在促进城市发展，
尤其是商业经济发展方面做出过突出贡献。

经商会筹措资金，并在娘娘宫的积极配合下，民立初等商业

2000年秋季俯瞰娘娘宫

学堂于光绪三十三年冬（1907年11月29日）正式开学，地址在娘娘宫文昌殿西侧。据天津档案馆编《天津商会档案汇编》、王守恂撰《天津政俗沿革记》等文史资料记载，学校计划招生四十人，生源为优秀的小学毕业生，若人数不足，可从他处招生。

学校的课程包括读经、修身、商业地理、新关（海关）则例、珠算、笔算、尺牍、中外簿记、习字、英文、体操等。

学校规章严明，规定"学生三年毕业发给文凭"，学生入学"概不收费"，但如"未毕业以前无故退学，按每月三元罚款，以示限制"。

学校以造就商业人才为宗旨，学生毕业后若愿意深造，可以保送商业中学；若愿意谋生，可推荐到各洋行实习，但必须要达

雪景

到良好或及格的成绩。

学校的"所有常年经费，除由庙租酌提外，统由职等（商会）筹摊"，年终，一切开支清册要送到商务总会审核，再转商部存案。

妈祖庙与学堂、学子这种紧密的关系，并非天津独有，比如在福建连城县莒溪镇壁洲村，那里至今还原汁原味地保留着优秀古建筑——永隆桥、文昌阁、娘娘宫，三者紧邻。科举年代的文昌阁中设有私塾，辛亥革命后又设立了学校，教书育人，闻名乡里。又如北港朝天宫中有配殿凌虚阁、聚奎阁，内中祭祀"五文昌"等；鹿耳门天后宫正殿内主祀妈祖，配祀有文昌帝君等，也是学子与家长的常去之处。

如今，天津娘娘宫南配殿中新塑供奉有文昌星君、魁星像。

二十八、熙攘庙会数第一

　　元朝定都大都（今北京）后，天津一跃成为北方最重要的漕粮枢纽，帆樯林立，吞吐量与日俱增，海河三岔口一带的集市贸易日渐繁盛。娘娘宫始建以来广顺民意，来往的官船民船无不酬谢妈祖护佑，码头熙攘，物阜民丰。

　　"千家市远晨分集，两岸河平夜退潮"，早在明代宣德至成化年间（1426—1487）天津城就有五处集市：鼓楼宝泉集、东门内

如今娘娘宫前年货市场依旧热闹

上编　信俗往事

仁厚集、南门内货泉集、西门内富有集、北门内大道集。随着天津商品经济的发展，弘治六年（1493年）在原基础上又增设五集一市。宫前集位于娘娘宫前广场，分为宫南、宫北二集。庙会古称庙市，初一、十五忙上香，加之娘娘诞辰出皇会，宫前集庙会应运而生，使这一带更为热闹，至清康熙年间达繁盛之势。

宫南、宫北的市面多为经营香蜡纸张、绒绢花、素食、金银首饰、玩具、土产杂货、酱菜的店铺和摊贩。玉丰泰的绒绢花、修竹斋的刘海牌风葫芦、萃文魁的南纸、杨记的蜡烛、伊德元的刻花纸样子，皆独占鳌头，远近驰名。重要的是，娘娘宫终年不断的香火为街市带来巨大客流量，且娘娘宫庙会也不只有春节大集，每逢吉日或庆典，宫中香火与宫外商业活动也交相辉映，"数日之内，庙旁各铺所卖货物，亦利市三倍"，这让其他街区望尘莫及。

逛庙与消费娱乐优势互补，紧密相融，一座庙宇聚拢了人气，一座庙宇繁荣了市井，这便是地理、政治、经济等多种因素综合发展的必然结果。天津人好热闹，特别是过大年之际，总是要去宫前集市转转，到娘娘宫庙会逛逛，即使不买东西，哪怕只感受一下那份喧闹也能心满意足。

老天津买卖行有句俗话，腊月十五上全街，"上全街"就是摆出全部年货供人选购，争强好胜的商家明里暗里比的也是这个"全"字。自此，宫前年货市场达到高潮，吃、穿、用、戴、玩，一应俱全，对于"全"的竞争，无疑促进了集市货品的极大丰富和庙会的无限欢娱。

值得一提的是"年年在此"，此乃宫前庙会颇具内涵的年俗事例。旧时一进腊月，宫南、宫北乃至估衣街上便贴满了写有"年年在此"的小红字条，这是每年商家选择的固定售货摊位，他人

直到20世纪70年代娘娘宫内还有卖玩具的

不得欺占。岁岁此地卖年货，如假包退换。其实，这字条既是市场竞争的产物，又是一种商业信誉的标签。天津商人在分享新春庙市厚利的同时也很重商德。良好的信誉拉近了买与卖之间的情感，回头客和老主顾很多。

　　天津人慷慨、直率也争强，讲究日子再紧也得富过年，即便倾其所有也认为值得，以免让人瞧不起。有了"年年在此""上全街"的庙会，可以很大程度满足所有人的需求，所引发的是一种具有普遍意义的消费心理的满足，这不正是宫前庙市经久不衰的重要原因嘛。

二十九、满头花插颤绫绒

新春佳节之际，人们拜过天后娘娘，更讲究带福还家，大家觉得老娘娘身边的年货更有意义，更能承载美好。宫前庙会年货中，应时到节的绒绢花、供花、窗花、吊钱儿、福字、门对、花灯等最抢手，满脸喜气的男女老少随着"供花、绒绢花咧——拣样儿挑嘞——"的吆喝声，纷纷买下几朵回家添吉庆。

绒绢花又称人造花、像生花，是用丝绒或绢制作的手工艺品，手艺人用红丝绒包缠的铁丝或铜丝作筋骨，按所需的花样一点点盘绕塑造而成。津产绒绢花种类繁多，大凡花卉、聚宝盆、小动物、喜字等无一不全，颜色除经久不衰的大红之外，也有粉色或紫色的。

自岁末腊八开始，娘娘宫庙会上的摊贩就可劲儿摆出最漂亮最新款的花儿（一般插在草靶子上）让顾客挑选。天津人最认老字号玉丰泰的货。

清光绪三十一年（1905年），来自绒绢花之乡武清的卢玉山等人在娘娘宫开设了三义厚绒绢花作坊，所制花儿惟妙惟肖，加之人们信俗娘娘身边的花儿更吉祥，缘此拉动，武清的人造花在市内行销开来。1927年三义厚迁出娘娘宫，在宫前重新开张并易名为玉丰泰京花铺（"京花"得名于津花，清末在京城旺销）。

老天津制作绢花的艺人

　　1946年，卢玉山回到家乡，店铺则由王锡传等人经营，绒绢花制作技艺依旧秉承传统，造型则频出新样，受到三北顾客的广泛赞誉，并出口海外。玉丰泰绒绢花在演艺界也享有盛名，许多演员的"头面"也慕名请他们制作。

　　过大年期间，女孩常戴牡丹花、月季花、蜡梅花，老太太则喜欢聚宝盆、宝相花、双鱼花等。除夕夜，穿着一新的老妈妈盘腿坐在炕上，银发上戴着大大的耀眼的"聚宝盆"，这可谓团圆年的内核之一。儿女绕膝满堂红，合家欢乐多。值得一提的是，过大年期间善男信女也常为妈祖娘娘上供绒绢花。

　　不仅在节期，天津大姑娘出嫁时必戴绒绢花。若觉得大红的龙凤花、双喜字还不够喜庆，可再加上粉色的月季花、牡丹花陪衬，珍珠、光片、丝线等镶嵌其上，满头光闪闪的好不热闹。参加婚礼的女士不分老幼，也都戴红绒双喜字来祝贺。另外，谁家

娘娘宫前的绒绢花引人（影视拍摄复原场景）

遇上"老喜丧"（80岁以上老人无疾而终的俗称），女眷也可戴红喜字，寓意老人修行圆满了。

　　改革开放后，绒绢花与剪纸依旧是宫前集上最耀眼的亮色，绒绢花品种也日趋丰富，吉祥的人物、动物、盆景等新款相继问世，所选珍珠、丝线、光片等辅料日渐多元，技法不断进步。有的艺人结合每年的生肖，设计出生肖与传统吉祥图案相结合的红绒花，比如金鸡报晓、三羊（阳）开泰、肥猪拱门等，尤其抢手。春节过后，有的人不忍心扔掉好看的花，让它一年四季点染红火生活。

三十、热闹娘娘宫畔路

迎年、忙年、过大年，老天津人都知道娘娘宫一带最热闹、最好看，如此便有了纷至沓来、摩肩接踵的年景，我们再来看看旧年风俗史料中是怎样描述的。

过大年，妇人们忙着到娘娘宫去上香。近代教育家李金藻（琴湘）在《天津过年歌》中有云："云淡风轻近午天，残妆妇女街头见，花花朵朵，接二连三，非等闲，天后宫去还愿，一来为儿女，二则求平安。"

训诂学家、南社诗人胡朴安搜罗民间风俗典籍杂志汇编成《中国风俗》，书中收文《津沽春游录》，该文约作于20世纪20年代，其中道："除夕之日，街市商户，多悬灯结彩；交易过至午夜，游者及采办年货者，拥拥挤挤。举凡估衣街、大胡同、北马路、娘娘宫大街等市，随处皆是，车马往来，几弗能过。"

宫前街买年货

宫前卖空竹、气球、脸谱的摊位（影视拍摄复原场景）

香烛纸张是老年间过春节的大用度，购销两旺，《津沽春游录》中说宫南宫北街面上"生意极盛者，首为香烛店"，同时期的《益世报》也说"香烛店不下十余家，购者争先踊跃"，人们携香入庙，《津沽春游录》接续表述："娘娘宫大街，则又以焚香偿愿者为夥（伙），香烟通衢触鼻。"

不仅仅是香烛纸张，自腊月初八娘娘宫一带的商家"上全街"，各色年货商品应有尽有，无所不包。1931年春节前《益世报》发文："天津市面，最能表现农历新年之征象者，盖无过于宫南宫北两街，凡年节需用之品，应有尽有，无美不备。"常言道，糖瓜祭灶，新年来到，姑娘要花，小子要炮。买卖家都知道女人与小孩所需的商品销量高，在宫南宫北大凡绒绢花、金银首饰、胭脂水粉都可买到，正像昔日风俗诗言："新年着个满堂红，颊染胭脂一色同。热闹娘娘宫畔路，香车飞趁夕阳红。"

儿童玩具、烟花爆竹又何尝不是好销的快货呢。《天津过年歌》说："大花筒，小南鞭，盒子八角，月落金盘，起花钻天似火箭，天响地响真讨人嫌，这两种，最危险，巧巧的一星之火，就烧了万顷之田。"

再说老天津闲情游戏，青年小伙、男孩子在冬季爱抖空竹玩，尤其在春节期间，空竹声声很能装点年景。旧年《益世报》上曾说："此物虽小，确有操练身体之功效……一绳两根，变化无

过大年期间宫前游人如织

穷，有时投至天空，几与云齐，以绳承之，百无一失。"娘娘宫内外的空竹名牌多，摊位多，素来驰誉。

　　20世纪二三十年代，宫前还热卖各种刀枪剑戟小脸谱等传统小玩具，货品中也出现了一些来自日本的玩具，《益世报》就此报道："至于各种玩物，多为孩童之娱乐品，内中十分五六，来自东洋，日人专能揣摩我国社会心理，乃并家庭玩物之利权，亦夺之而去，其商战之手段，真凶辣哉。"

五彩气球

直到现在逢年过节，天津老少依然喜欢买个大气球挂在屋里或给孩子们玩，图喜庆。小孩手中拽着的氢气球更是五光十色，各种奇异的造型灵动于街市，洋溢着无尽的欢乐。据说，某繁华区还开了间时尚的气球专卖店，门庭若市。

昔日街头所卖的气球虽单调了些，但其科技含量似乎更有趣味。所谓科技含量就是小贩手中的玻璃瓶内的化学反应，对绝大多数普通百姓而言，那简直太神奇了。卖者随身携带些大小玻璃瓶，给气球充气之前，先向瓶中投入几小条锌片儿，再加入适量的硫酸，很快便化合反应出氢气来。他们迅速把气球胶口套在瓶口上，"哧——"一只只气球吹起来了，用线扎紧口，放长线拴好或递给小孩。

因充气相对麻烦的原因，所以卖气球的多见于旧时的庙会集市或街面固定的地方，以"气球张"为代表的卖气球的曾一度成为娘娘宫年货集市上的一大特色。

三十一、庙市经济买卖旺

天津泥人是民间艺术精粹，传名四海。话说旧日里的泥娃娃、泥玩具作为耍货玩具，摊贩随处可见，更有挑大筐、推小车的人走街串巷卖。

受妈祖信俗，特别是拴娃娃民风影响，娘娘宫内外摆摊卖泥娃娃的最多，人们觉得这里的泥娃娃更多几分灵气。

小贩所售泥娃娃的造型与色彩粗犷、质朴，洋溢着浓浓的乡土气息。花花绿绿的衣裳，红红的脸蛋儿，扎牛角辫的、留小分头的，笑眯眯的样子煞是可爱。还有泥老虎、泥公鸡、泥猴子之类的动物玩具，大的小的、响的动的，花样繁多。

不仅如此，还有高档货呢，从孙悟空、猪八戒、沙和尚，到刘、关、张，乃至天上的神仙、人间的仕女，样式丰富，栩栩如生。

洗娃娃铺也是旧年娘娘宫附近多见的好生意，源于娘娘宫拴娃娃的习俗。娃娃大哥被"请"回家后奉若真人，娃娃大哥每年也要长一岁"洗"一次。所谓"洗"又叫"洗澡"，就是到塑像铺、娃娃铺请专业师傅（泥塑艺人）将小娃娃的泥土和在新泥里，大致照以前的样子新塑一个大些的，意在血脉传承。一年一度，娃娃铺自然不愁生意。

20世纪30年代末、40年代初春节期间娘娘宫内的热闹市井

　　清末年间天津的娃娃铺集中在娘娘宫附近，以宫南的袜子胡同（早年称娃子胡同）、宫北的毛贾伙巷，以及鼓楼东街为最多，其中的墨稼斋马家、凤鸣斋张家、纯古斋周家、笔耕斋刘家尤其知名。

　　儿童玩具"噗噗噔儿"如今已消失了，它是玻璃制品，形如大葫芦状的烧瓶，瓶颈细长，平底，底很薄，像吹喇叭一样吸吹时，随着空气的振动能发出噗噗噔儿的声响，所以人们称之为噗噗噔儿。娘娘宫前卖此物的最多，小贩边吹吸发声，边招徕买主，有点像乐手，为庙会平添了热闹。

　　清末以来，娘娘宫出租殿阁也引来了一家知名的眼药庄，笔者收藏的一页故纸便是较好的原始资料。娘娘宫内春永堂的光明眼药

娘娘宫内曾有花局、武术社

可谓老天津一宝，它以药效奇速、适用范围广而赢得了极佳的口碑。自古便有欺世盗名者，无奈的商家只得将宣传广告移入这纸仿单。春永堂的仿单上有言："祖传光明眼药，主治男女老幼远年近日气朦火朦、胬肉攀睛、迎风流泪、云翳遮睛等七十二症，药到病除，屡试屡验，各省驰名。"光明眼药的生意红红火火，但不乏欺世盗名者毁誉坑人，为此，春永堂在仿单上广而告之："本堂开设天津东门外天后宫后院大殿旁斗姥殿内，赐顾诸君，请认明'乾隆金钱'商标为记。"同时，仿单上进一步标明："注意屋内挂金钱商标便是真。"春永堂特别在仿单广告中印上自家的商标图案，这在老仿单中并不多见，广告意义凸显其间。春永堂店内外所悬的标识、招幌与仿单所印商标图案完全一致，具有鲜明有效的广告意味。

三十二、百货耍货亦琳琅

逢年过节，天津人爱到娘娘宫庙会上买花样子，留待平常缝绣做针线活用。

花样子一般夹在纸页、书本或屉盒中，有的一套花样还单独裹着包装纸。绣花样子花色繁多，大凡长命百岁、喜鹊登梅、龙凤呈祥、岁寒三友、五子登科、福禄寿喜等应有尽有。顺便一说，小贩还讲究应时到节，端午节有"五毒"及老虎图案卖；中秋节有玉兔花样上市。

再有，娘娘宫养殖、售卖小金鱼素有传统。清乾隆初年，汪沆有诗云："元日晴光画不如，灵慈宫外斗香车。琉璃瓶脆高擎过，争买朱砂一寸鱼。""鱼"通"余"，年年有余，加之在老娘娘近前更显大吉大利了，所售供不应求。

天津人爱干净，每到春节前，多数人家喜欢把用了一年的旧的箅子、掸子、排盖等换新，蒸年糕、扫房土也讲究用新的，应了"辞旧迎新求顺当"那句老话。

娘娘宫里卖日用品杂货是一大特色，木盆、鸡毛掸子、毛刷子、竹箅子、木衣架、葫芦瓢、竹木饭勺、排盖等货品挂在用木棍或竹竿做成的货架上，品类齐全，价格便宜，为百姓带来了不少方便。这其中尤以郭家木盆驰誉津门，堪称一大名牌。

清末娘娘宫内"百谷朝宗"牌楼下售卖小金鱼的摊子

1928年娘娘宫内的金鱼摊，照片左上依稀可见码放的玻璃鱼缸

老天津爱玩儿的人，大致没有不知道娘娘宫庙会上卖空竹的，至20世纪二三十年代达到高潮，绝对让小伙子、娃娃们流连忘返。其中，屈记修竹斋"刘海"、赵记铭远斋"老寿星"、冯记宝顺斋"和合二仙"等牌号的空竹最为走俏。

屈文台是武清人，自幼好武术，爱玩空竹，后来自制空竹的手艺也日渐成熟，自产自销，民国初年来津后在娘娘宫山门外张仙阁旁开设了修竹斋。屈文台的空竹标有著名的"刘海戏金蟾"商标，分双轴、单轴两种，从3响到38响不等，响越多，声越高，越好听。他家的空竹以做工精细、用料考究，一百多年来广有口碑。

庙会上，卖空竹的将空竹抖得山响，他们还不断向空中连续抛掷空竹，以示质量好不怕摔碰。卖家抖空竹技巧娴熟，时而表演出"相互传递""翻筋斗""小鸡上架"等花样，一准儿能博得连声喝彩。

娘娘宫庙会还有卖气球的，当时，气球尚属稀罕新奇之物，特别受到小孩子们欢迎。另外，五彩脸谱、木制刀枪剑戟也非常俏销。

手捧新买金鱼缸的美女
（老月份牌广告画）

老年间娘娘宫曾出租殿阁院落来增加收入，庙里好似热闹的集市，拜娘娘祈福美好的同时兼具了城乡物资交流的性质，进而形成了一种精神生活、物质生活内外互动，民俗与商业交叉发展的社会现象。

老年间，天津人逛庙的同时购买了生活必需品，朴素的生活拉近了凡人与神明之间的关系，反映出天人合一的民俗特点。

ZENGLIANG
YUEDU
增量阅读

■

旧诗文中话金鱼

　　"元日晴光画不如，灵慈宫外斗香车。琉璃瓶脆高擎过，争买朱砂一寸鱼。"清乾隆初年杭州诗人汪沆到天津（客居水西庄）参与编修地方志，陆续写下百首《津门杂事诗》。当时，汪沆为考证核实娘娘宫的始建年代，曾入庙考察相关碑文，新春庙市的热闹市井与小金鱼的欢动也引起他的注意，特作如上《岁朝灵慈宫》一首，他同时在诗注中说："天后宫旧名灵慈宫，岁朝闺人咸走集焉。宫前有鬻小红鱼者，以琉璃瓶贮之。"诗中的"元日"与"岁朝"即新年正月，"琉璃瓶"即玻璃瓶。正如作者所见，过大年上香拜庙的游人摩肩接踵，争相购买金鱼求吉利，可又怕玻璃鱼缸被碰到，所以高高举起。汪沆细腻传神的文笔为天津"金鱼诗"开创了（目前已知的）先河。

　　天津诗人樊彬生于嘉庆元年（1796年），自幼聪慧，青年时就被一些名流赞誉"有国士之目"。樊彬著有《问青阁诗集》

《津门小令》等，其中的《津门小令》最为脍炙人口，用"忆江南"词牌写出了津沽大地的勃勃生机与人文风情。其中有道："津门好，天后庙开时。铁马珠悬红线络，金鱼瓶映碧玻璃，灯市上元期。"这首《小令》写于嘉庆二十三年（1818年），值得注意的是，樊彬笔下的鱼缸已不再称"琉璃"，而改用"玻璃"二字。"灯市上元期"即正月十五上元节灯会。金鱼与年景又一次被诗人点亮。

晚清津门文人周宝善（楚良）的《津门竹枝词》在表述地域风土人情方面客观写实，通俗近俚，他同样关注过新年娘娘宫的金鱼买卖："儿女欢欣晒岁除，娘娘宫里众纷如。玻璃缸子红绳络，要买头盆鸭蛋鱼。"这里的"鸭蛋鱼"是说金鱼的品种相貌，鱼身圆圆如蛋。"买头盆"的意思是抢购大年初一头一缸金鱼，类似烧头炷香民俗，皆为图好彩头大吉利。

"称体衣裁一色红，满头花插颤绒绒。手提新买金鱼钵，知是来从天后宫。"此为清末民初天津诗人、城南诗社成员冯文洵在《丙寅天津竹枝词》里绘声绘色的描述，文中的"金鱼钵"即小鱼缸。新春佳节，老天津女人爱穿红装，头戴红绒花红绢花，高高兴兴地去拜娘娘，祈福求喜后再顺便拎一缸小金鱼高高兴兴回家转，所以路人都知道是刚从娘娘宫回来的。

年年有余鱼多子

说到老天津最红火的小金鱼市场，当数娘娘宫、宫前集市，堪称家喻户晓的福地。通过清代文献可知，这里售卖小金鱼至迟在乾隆初年已形成规模，尤其是新春佳节前后的生意更加火爆。究其原因，一是养金鱼在津有极高的人气基础，二是真挚向好的民俗心理使然。

娘娘宫元代建庙，圣母娘娘乃护海佑生之神，天长日久，天津百姓以淳朴的心理不断将老娘娘的职能延展扩大，陆续加塑宝像，祈福、求子、求财、求顺等各有所拜。比如刚过门的新媳妇常常马不停蹄到送子娘娘面前"拴娃娃"，盼早得贵子传宗接代。金鱼多子（籽）是习性，如此，娘娘宫中的金鱼更多了一道灵性光环。《金鱼多子》不仅是我国传统吉祥图，天津杨柳青年画中也有同题作品。再有，"鱼"通"余"，寓意年年有余，生活富足。金鱼俗称锦鱼，民俗中"金鱼摇尾"比喻财源广进；"塘"谐音"堂"，蓄养金鱼预示金玉满堂。杨柳青年画不仅有名作《莲年有余》，还有几样同题的《金玉满堂》图。例如画中绘一美少妇正抱着孩子观赏金鱼；绘两个童子在两缸金鱼前嬉闹等。画意对"求财"与"求子"民俗心理的表达显而易见，类似信俗在天津民间相沿成习。

人们觉得老娘娘身边的金鱼是大吉大利的象征，所以竞相在宫里宫外买小金鱼。金鱼耐寒，新春庙会上大鱼盆里蓄养的鱼儿欢游着，捞进玻璃鱼缸里更是鳞光闪闪，再配上水藻（金鱼藻专属一科，非普通水草），自彰显盎然生机。鱼缸是必需品，有的高档鱼缸里还吹有一个（玻璃工艺）五彩玻璃球，旧年也有人专门来宫里定制鱼缸。

民国时期，娘娘宫为增加庙堂收入，将多处殿阁、院落出租给商户，山门里牌楼下正是售卖金鱼的旺地。卖金鱼的商贩照章交租，牌楼下常年摆放大缸、大盆，蓄养各色金鱼。当时宫里所售金鱼的部分货源来自城西梁家嘴一带。值得一提的是，宫门外海河水质较差，而宫中多井，其水清亮甘美，有利养鱼。

1931年初天津媒体有一篇述评《统一国历后二十年腊尽春回宫南宫北观》，其中也认为新年买金鱼有取富贵有余之意。再读1936年版《天津游览志》中的《庙会》篇，文述娘娘宫"大门以里，很大的院落里，百货杂陈，许多小贩在这里摆摊做生意，卖绢花和小儿玩具，以及金鱼等物的不一而足"。殿中拜了娘娘，宫里看了热闹，市上买了金鱼，真就"带福还家"过大年啦。

顺便一说，民国时期以娘娘宫为龙头的天津金鱼市场所售品种大致有草金鱼、文种金鱼、龙种金鱼、蛋种金鱼四类。文种的为不鼓眼、有背鳍的，如狮子头；龙种的眼凸（似龙眼），有背鳍；蛋种的身形如蛋，眼不鼓，无背鳍，如虎头。这也是当时京津地区按明清时代传承下来的传统分法。娘娘宫的金鱼买卖风俗历时久，大致持续到新中国成立初期。

三十三、庙里有家照相馆

自清末以来，娘娘宫向商户摊贩出租院内一些殿阁或场地，以增加庙堂收入。有几张清末明信片流传至今，其中一张上可见当时娘娘宫山门实景，山门前有几个摊子，山门墙上挂着"德华帽（子）局"等牌匾，一旁还有庙里照相馆挂的大镜框，镜框里展示着一些照片，权算广告吧。这家照相馆名号刘捷三。

刘捷三是买卖人，传说他本来有自己的生意"德泰昌"，还曾将买卖随着赶大营的人做到了新疆，可不知为什么他用自己的名字开了这家照相馆。刘捷三照相馆位于正殿北侧的两个偏殿之间，是小矮楼，相当于现今药王殿西侧的位置。

清末的另外两张明信片将刘捷三照相馆进一步记录下来。可见照相馆屋前曾有八九盆花木，有的藤萝已经爬到屋檐处。门前左右墙垛上各挂着一个大相框。门前站着四个男子，小楼二层栏杆里也站着几个人。近景表现照相馆，远景隐约可见正殿月台，台阶上有五个人，其中两个男孩还光着膀子。

另一张明信片所印照片是在月台上拍的，背景是照相馆。七个成年男子和一个小男孩闲坐消夏，其中一人正高兴地弹着三弦，大家自娱自乐。此照栏杆内无人，只摆着七八盆花，照相馆门前右边的广告镜框也消失了。那么，这两帧珍贵老照片中是否有刘

正殿北侧的刘捷三照相馆

捷三本人呢？暂不得其详。

民间史料说，清光绪二十四年（1898年）津门大侠霍元甲曾在刘捷三照相馆留影，时年三十岁。照片为霍元甲坐像，后为手绘洋楼布景，大侠手中拿着一柄折扇，身旁按旧俗摆放着花架，花架上有兰草、西洋钟等摆件，花架下方也有一盆兰草。从道具陈设推测，刘捷三照相馆门前之所以养着一些花木，也许就是用来当道具的，同时也美化了庙中环境。

笔者又见一帧20世纪30年代的老照片，是两个阔绰男子的坐姿合影，布景画江南园林景致，由此也可见布景与道具的传统回归。照片宽9.4厘米，高13.8厘米，外框为米黄色卡纸，宽14.5厘米，高22厘米，卡纸右下凸印"天津刘捷三照相馆"字样及花体英文。

　　当时娘娘宫中的益丰成首饰店、宝华首饰店也小有名气。关于前者，民国时期望云居士、津沽闲人所撰《天津皇会考纪》中有《天后宫现在概况》一文，篇中记录了一些情况："中院道中有一如鼎式之化纸炉，高度过人，院右行，面西一殿，昔为龙师殿，今已业首饰店，店内神像已无存矣……虽然改了益丰成首饰店，然而在殿外的门上还在悬着药王殿的匾额，首饰店里，硕果仅存的只有一个药王的头了，因为药王塑像的全身都被首饰铺的货架给挡住，所以只有一个药王的面目露在外面，可是铺中的人仍将香炉等放在柜台的前面，以备香客们进香。"

三十四、茶叶贸易大码头

老天津茶叶贸易的形成与饮茶风俗的发展，得益于漕运发达、商业兴盛。

早在元至元二十年（1283年）走海运的南方粮船首航抵达天津后，海河三岔口一带就以优越的地理位置很快成为繁华的水陆码头。明代永乐十三年（1415年）大运河全线贯通，朝廷允许船家可附载少量土宜（土特产），此后的南方漕船、商船带来的茶

清代《潞河督运图》中的宫前码头

宫南宫北大街旧影（2000年10月摄）

叶、瓷器、海货等源源靠岸三岔口小直沽。

　　到了清代中晚期，北上的茶商们纷纷在宫南宫北、大胡同、北门外一带落脚，设局开店，以规模经营为主，基本上左右了津地茶叶市场，交易十分活跃。南方的茶叶客商、天津的买卖家大多俗信天后娘娘的护佑，船家平安到津后，人们到娘娘宫朝香，为老娘娘供上几许香茶，叩首施礼，祈福求吉。

沙俄时期，茶叶是俄国贵族、普通百姓日常必不可少的消费品，他们与中国的茶叶贸易早在清代咸丰年以前就有往来，在贸易中，天津集散枢纽的地位非常突出。咸丰十年（1860年）天津开埠通商后，更加成为连接南方与西伯利亚的重要港口，俄商陆续到来。同治七年（1868年），经汉口到天津的砖茶有700多万磅，红茶有170多万磅，数量与日俱增。

鉴于市场前景与发展需求，俄商在津设立了数家商号。娘娘宫宫北街有一条名叫"萨宝石"的胡同，那里就是俄国茶商最早在天津的聚落点之一。

胡同的得名源自俄商李特维诺夫在此开设的萨宝石洋行（正名顺丰洋行），它以出口茶叶为主，兼营土产、皮革，再从俄国运来石油、棉布、钟表等，利润可观。

自同治二年（1863年），萨宝石洋行不断在南方收购茶叶，设立茶砖厂，把茶叶加工成茶砖运到天津集中，再从北运河把茶货运到通州，然后用骆驼队经张家口发往恰克图，进而行销西伯利亚、欧洲市场。

到了同治十二年（1873年），该洋行由天津三岔口、宫前码头转口俄国的贸易额近220万海关两。除茶叶之外，还将冰糖、绸缎、皮毛、烟草等转运出去。

话回天津民间。随着城市的繁荣与文化生活的提高，天津的戏曲演出活动至嘉庆、道光年间已相当活跃，但正规的演出场所不算多，如此这般，原来以喝茶聊天为主的茶社逐渐成为人们的理想之选。

清末民初，三岔口、娘娘宫一带、海河岸边茶社茶园鳞次栉比，如庆芳（后更名上天仙，在娘娘宫西袜子胡同）、大观（东北角）、协盛（侯家后）、袭胜轩（北大关）、天仙（马家口）等。茶客与戏迷如潮，竞相一睹名角风采，去园子里品茶听戏成为天津文化消闲的一种时尚。2000年前后，宫前曾办起茶艺社，曰"二泉"，取名缘于娘娘宫正殿前的双泉井。

三十五、银钱买卖听东街

老天津金融业兴起较早，据《天津市金融中心建设的理想与现实》表述："天津最早的钱局开办于清朝的乾隆年间，在现今的古文化街一带"，即昔年娘娘宫宫南街、宫北街附近，但文中未提及具体名号。清中叶，传统钱庄的前身（票号）也在津兴起，笔者曾撰《中国第一票号在天津》，可参阅。咸丰十年（1860年）天津开埠以前，津地金融钱庄行有东街、西街之分，前者指城东宫南宫北，后者相对指估衣街、针市街一带，东西两街是金融聚集区，直到光绪二十六年（1900年）"庚子之乱"后才陆续转移至英法租界中街（今解放北路）区域。

娘娘宫一带何以成为老天津的钱街呢？源于海河宫前码头商贸的繁盛，源于民间信俗聚拢的人气。其实早在入清以后，宫南宫北街面上就不乏兑换货币的小钱摊，顺市便民，是银钱业进一步发展的必然趋势。

南开大学版《中国近代经济史》中《近代中国金融业的演变》一章中称："天津在嘉庆年间在天后宫财神殿后院设有钱号公所，专门办理钱业公共事宜，业务上已突破单纯的银钱兑换，还从事存放款和发行银钱票等信贷活动。"钱号公所被誉为天津第一家钱业行业组织，关于它在庙里成立的时间另有"最迟于清道光初年"

通过牌匾可见娘娘宫内金银首饰生意兴旺

或"咸丰年间"的提法，莫衷一是。在庙里的公所每月初二例行
聚会，同时敬祀财神。到了光绪三十四年（1908年）钱号公所迁
往北门里只家胡同。

　　光绪二十四年（1898年）版《津门纪略》载，那一时期天津
有钱庄76家，其中设在针市街的25家，宫南宫北街的14家，袜
子胡同（娘娘宫西）的3家。另外，化碎银为整银的炉房，天津有
14家，大都在娘娘宫周边。由此可见宫南宫北在天津金融业中所
占的重要份额。宣统三年（1911年）版《天津指南》中又说宫南
宫北"该街街道狭小，贸易尚称繁盛。商业街以银号钱铺为最多，
故有钱街之称"。传说那时候行里有"听东街的"一说，即关于银
钱兑换比值的多少，要听宫南宫北钱号的。

144　　　庚子之乱八国联军侵占天津后，对天津金融强加掠夺，传统

银钱买卖惨遭厄运。到了宣统年间，宫南宫北仅剩1家银行、9家银号、7家钱铺。变局中，一波未平，一波又起，1912年"壬子兵变"，除了外国租界，天津老城厢内外一夜之间被洗劫一空，金店、银楼、钱庄损失惨重，遭劫的、幸免的商户纷纷向租界迁移自保。

宫南宫北的金融业韧劲很强，经过数年调整，这一带银钱买卖重整旗鼓。据1922年新版《天津指南》介绍，宫南宫北街有银行10家、汇票庄1家、银号钱铺28家、金店银楼3家，共计42家，而宫南宫北（包括娘娘宫内）的其他工商实业约30家，二者比例显而易见。

三十六、曾为金融核心区

清末，天津传统金融业帮派格局逐渐稳定，大致包括本地帮、北京帮、山西帮、南宫帮、深县帮等，其中，天津本地钱庄约占六成，北京帮、南宫帮、深县帮约占三成，山西帮约占一成。

天津钱庄的经营，又分为东街、西街、租界（中街）三大板块，东街以娘娘宫附近、宫南宫北大街一带为根据地，西街商号主要集中在北门外、针市街、竹竿巷、估衣街，中街主要指位于英法租界的相对现代的银行。

西街钱庄相对守旧，专营存放款业务。西街钱庄也分保守派（自称正宗）与开明派。前者中规中矩，拒收来历不明的存款，对放款也很慎重，一般仅选择给殷实富商放贷款，给小门小户放钱不多。开明的钱庄与天津商家、外地客商都有业务往来，与中小买卖家也建立关系。

重点说东街——宫南宫北，这里的钱庄经营存放款业务的同时，更侧重"现事"业务，即凡有利可图的生意都经营，并不拘泥于旧有的行业范围，也俗称"浮事"买卖，比如收兑白银、熔铸元宝加工等。这样可弥补旧生意利润的不足，如此多种经营，与东街钱庄中有不少是从原来首饰楼生意转行过来的有关。

话往前说，因为市面繁华，游客香客摩肩接踵，早在清末以

宫内曾有几家首饰店

来，宫北就有知名的敦昌银楼，宫南有益兴银楼，娘娘宫里还有永兴承银楼等。《天津文史资料选辑》中刊有刘嘉琛《解放前天津钱业析述》一文，其中表述："天津钱庄的现事业务，以敦昌银号为其端。"

敦昌银楼原来经营金银首饰，后来逐渐扩大生意改组为银号（且有分号兼营粮食）。清光绪二十六年（1900年）"庚子之乱"以后，中国与西方国家的贸易增多，外汇行情随之变化较快，敦昌银号洞察市场，聘请了行内高手开展金银、外币、公债、股票等生意，获利颇丰。

辛亥革命以来，天津钱庄业逐渐兴盛，敦昌银号中的一些职员也成熟了，于是纷纷出号，自己另起炉灶，可为了业务往来方便，这些人还是将店址设在了宫南宫北附近。

到20世纪20年代初，虽如前文《天津指南》中的介绍，金融业在娘娘宫周边占绝对优势，但架不住兵荒马乱有不测。1925年，军阀李景林的部队溃败，在这个过程中，士兵们大肆抢掠娘娘宫一带商家，钱庄再遭洗劫，元气尽失。

至20世纪30年代中期，宫南宫北的银号举步维艰，一再萎缩，字号大致仅存敦昌、裕津、肇华、泰丰恒、宏康、和丰、永恒、元泰、天源等。1937年抗战前夕，天津金融本地帮约有五成在西街，有二成在东街，有三成在租界。随着现代银行业勃兴，东街银号风光不再，多以单纯首饰买卖为主了。

三十七、庙里曾现"一色红"

大约自清末起，每到除夕夜晚，娘娘宫里总有一些特殊身份的香客游人到来，进而形成一种特别的现象。她们就是那些青楼中的风尘女子，焚香祷告，祈求老娘娘保佑安康。

缘何她们在大年三十晚间来这里？一是她们平常难有闲暇或无家可归，此时出来也算消遣，寻寻精神寄托；二是此时家家户户合家团圆吃饺子，宫里相对人少，她们自羞于亮相大庭广众，这时出来最方便。

话需往前说。清光绪二十九年（1903年）的《大公报》上有一篇文章，言每逢吉日，大胡同三太爷庙附近游人多，其中不乏"南妓土娼，纷纷进香，络绎不绝"，而好色之徒、地痞无赖也因此来这一带看热闹，他们站在山门外，有伤风败俗之嫌。

在舆论谴责下，三太爷庙关闭了，这样一来，侯家后一带的风尘女子便没了祈福的去处，于是纷纷转向不远处的娘娘宫，导致宫里这类女子日见增多。报纸上说："尤其是到了除夕之夜，娘娘宫里整夜香火不断，香客潮涌，烧香要从夜间十二点一直持续到黎明。通常，这天晚上，妓女们'俨然戏园子里扮演的玉堂春'，都要穿上无比光鲜的大红衣裳，头戴红花，脚穿红绣花鞋到这里来争烧头炷香。她们三三两两，相携入宫，焚香祷告……"

20世纪30年代庙门口

　　此时此宫此人等，老百姓戏称"满堂红"。其实，妇女到娘娘宫求子是民俗主流，可青楼女子当然不是求子，而是有的希望来年交好运，遇到好心客能早日将其赎身；有的盼新年顺意多赚钱，少挨鸨母打骂；有的也是为家里人祈福健康的。

　　三太爷庙那边驱散了不良之徒，然而树欲静而风不止，那些游手好闲、心怀鬼胎的男子又尾随"香风"到了娘娘宫一带。尤其是在除夕，这伙人格外活跃。但风尘女子孤身一人来的并不多，或三三两两结伴，或与特定的富家男一起，或有旁人监管，所以那些无聊男子也不敢轻举妄动，他们"只得站在正殿宽大的月台上，眼巴巴地观看形形色色的妓女们进进出出"。

娘娘宫中也有警察驱赶这伙人，可无济于事，他们顶风冒寒，即便是夜里被冻得哆哆嗦嗦也兴致颇高，甚至要"观景"到大年初一天亮前才悻悻散去。为啥？当时民间有不成文的规矩，青楼女子除夕逛庙必须在天亮前离开，要为初一清早烧头炷香的市民们腾地方。

据1919年2月《益世报》记者现场观察，春节那天娘娘宫内依然存在"时髦男妇并肩叩头"的情状，如此不难管窥低俗之风延续、顽固。

民国时期的《天津风俗诗》里有云："新年着个满堂红，颊染胭脂一色同。热闹娘娘宫畔路，香车飞趁夕阳红。"这当然是描述津沽女子着装好红色的风俗，也有可能兼表上述现象。

三十八、男子不得入此门

男尊女卑的旧思想在封建社会根深蒂固，逛庙也是一样，清代，娘娘宫有一度是限制女子进入的。曾任湖南巡抚的李发甲于康熙四十四年（1705年）调任天津道以后，在没调研天津民风民情的情况下断然发布命令，严禁妇女入庙进香，称：凡有违禁入庙者，老妇则责其子，少妇则责其夫，女子则责其父。这般株连责罚的措施当时的确让天津女人们望而却步了。

违背民情常俗之举毕竟不会十分长久，到了清末，无论男女皆频频进庙游玩，此后还衍生出前一篇所说的庙里"满堂红"的市象。民国时期，鉴于有些青楼女子常在除夕夜到娘娘宫一游，导致有些居心不良"看风景"的男子纷纷进庙"寻香"而引发的社会舆论，所以当时在庙内外有不少警察维护秩序、驱散男子，甚至对男子入庙加以限制，无形中形成"女尊男卑"的态势。这往细处说也不无道理，古俗便有"男不拜月，女不祭灶"的民俗，因为月神嫦娥太美，因为灶君是男身。而妈祖娘娘正是海神女神。

此番"女尊男卑"也许是一种有趣的"反转"。旧年新闻报道记录了不少相关的细节：

1927年元宵节期间《大公报》刊出一则学生逛娘娘宫的讲述，其中说，只要大殿月台上的小伙子一多，庙里人便高声喊："不烧

娘娘宫内旧貌

香的下月台去，站在这里做什么？"又据1928年2月《北洋画报》
中《娘娘宫》文载："此庙正门及殿上，贴有'男子不得入此门'
及'此处不准男子逗留'之黄纸布告。"不仅如此，在稍后农历三
月二十三娘娘诞辰出皇会期间，还规定男女香客要分单日、双日
来进香，不成文的规矩大约实行到20世纪30年代之后。似有似
无，或难坚持，当1936年天津最后一次出皇会时，已不分男女单
双日子，但规定女人可从正门任意出入娘娘宫，而男子只允许从
左门进、右门出。另外，上香时间方面，女香客要比男香客多
一天。

与此同时，娘娘宫除夕"满堂红"之风也没有完全刹住，1931年版《天津志略》中仍有记："元旦，各娼妓祝祷于此，粉红黛绿，满院光辉……"除了前文所叙青楼女子天明前必须离开娘娘宫之外，当时在穿衣打扮方面民间也有常俗定例，如二等、三等风尘女要穿红袄裤红绣花鞋，还要套上红裙子，披上红斗篷，围上红围脖，再戴上红绒花，必须要打扮一新。

说到底，"男尊女卑"也好，"女尊男卑"也罢，其实都是庙堂管理者不愿看到的，尤其是将女人拒之门外。津沽民风"实用色彩"浓，妈祖娘娘也不断被人"因需而设"分灵派生，送生求子佑童素来是庙里的重要信俗，而这特别需要以妇女为主的人群。庙堂管理者为增加收入更好存活，怎能将她们拒之门外呢？

三十九、活灵活现有报道

有上海三大画报之誉的《图画新闻》创办于清光绪三十三年（1907年），连环画高手李树函常为该刊作时事图画。光绪三十四年（1908年）正月末《图画新闻》刊出的一幅李树函的图画报道，反映了一段发生在天津娘娘宫门前的趣闻。画中众人围观某正在心急火燎的老太太，文载："香火最繁盛，男女拥挤……某日有一老妪哭泣呼唤云，媳抱孙在前行走，倏忽不见，虽带哭带喊，口中犹不住呼菩萨保佑云。"文后附编者按，提醒读者应多加留心类似事情的发生。

陆文郁是近现代天津著名画家、植物学家、诗人、词人，在其笔下也几次活灵活现地描绘过娘娘宫，笔者曾撰《陆辛农：惟妙惟肖画写真》。陆文郁还画过娘娘宫出皇会时的情景，发表在光绪三十三年的《醒俗画报》上。天后娘娘诞辰庆典的前一天，老城里参加活动的某老会一干人马正行进在西门里大栅栏一带，街面上万头攒动，尤其是"各妇女皆描眉拢鬓，饰粉调脂，尽态极妍，争春斗艳"。依照老风俗，众人常在街道两旁搭起席棚子看会，也许是棚子里人太多的原因，据陆文郁的图配文可知，当日黄昏时分有一间席棚"绳断板塌"，棚内正兴高采烈瞧热闹的一些妇女坠跌下来，险些酿成事故。

皇會閉幕

掃殿會酬客

【本市消息】「皇會」籌備
會，以昨日爲天后誕辰，
特在宮內舉行祝壽，男女
前往晉香者，達數千人。
各會會員及掃殿會職員，
均行到塲，掃殿會亦於昨
日，在永安飯店酬謝來賓

民国时期关于皇会的报道

　　据《益世报》报道，1931年2月16日除夕这天娘娘宫早早就热闹起来了，卖小金鱼的商贩利用人们期盼连年有余的心理，"满缸满盆置诸天后宫院中，向游者兜售"。庙里首饰店的生意也很红火，"多为烧香之妇女而设，谒过天后娘娘，即到店中"，当时的女子多用旧首饰换取新品，店家获利不少。大年初一，有记者在大殿前看到香客游人拥挤熙攘，"内中孩子哭声，大人叫声，铜子哗啦声，签筒叮咚声，嘈成一片"。走出娘娘宫，宫南宫北照样水泄不通，人们的脸上无不洋溢着喜气，尽情享受着津门故里红火年的氛围。

　　同时期的新闻也曾描述过除夕娘娘宫中多是香艳女子，说她们"争美斗妍，环拜殿前"。此番情景在1934年戴愚庵的《沽水旧闻》中也有类似记载。作者熟谙天津民风，书中的《娘娘宫站岗》一文就将站在月台上"观景"的男子比喻为像巡警站岗一样。戴愚庵云："庚子后，袁世凯在津设立巡警营，分南北段，南段为警察，北段为军队，合称巡警营。将津城道路分出若干地位，每位设一警士值班，曰'站岗'，彼时之新名词也。大除夕之夜，娘娘宫中，连宵香火不绝。由十二钟后，至黎明止。乐户中人，均服一色红衣，俨然梨园扮演之玉堂春。三三五五，相携入宫，降香求福。不羁之士，均站立大殿月台之上，迎风凌寒，在所不惧，至日出始止。遇相熟伎人，则互道新禧，自己觉着得意，他人从而慕之、妒之。此种作业，名之曰'娘娘宫站岗'。此风传流三十余载，至今未衰。"

陆辛农绘娘娘宫

四十、游记随笔多细节

民国时期报纸上的皇会信息与广告

1928年2月15日《北洋画报》刊出梦天的《娘娘宫》一文。作者与友人曾在新春佳节期间到娘娘宫一游，随后写道："每值朔望，祷者云集，尤以岁首为甚，于是宫南宫北，阛阓栉比，商业因以鼎盛……"

他们逛庙那天比较冷，所见烧香的人并不算太多，"入门有探海夜叉塑像，举手作军礼，亦他处所无"。此言"探海夜叉"，也许说的就是庙中的四大金刚。

进庙，他们见到"山门之下"的王灵官，感觉王灵官"仿佛一个副官长"，也因此体会到了天后娘娘的尊严。

走进正殿，见"娘娘之正大仙容俨然在上，焚香膜拜者，拥挤不开"。作者同时注意到庙门及殿上贴有"男子不得出入此门"及"此处不准男子逗留"等黄纸布告，他觉得似乎有些尴尬了，但一行人还是各自求了签。

文中说，庙里还有"傻哥哥"像，带着扁担等，"有司香者在侧，频频以烧香为请，而应者殊寥寥"。他们且"闻张仙阁上尚有一傻大爷像，甚矣，傻之近于仙也"。

在娘娘宫院里，《娘娘宫》一文的作者还见到有不少卖小孩玩具的，还有首饰楼、照相馆等，卖五彩印画、纸花、蜡烛的也

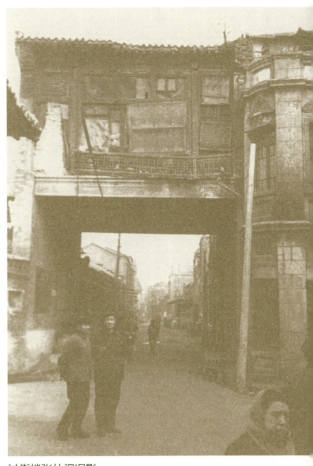
过街楼张仙阁旧影

1999年左右的张仙阁

很多，饶有乡土风味。作者一行人游兴颇佳，最后还在庙里照了相，"以志其实"。

1928年2月6日，《大公报》上发表署名"暾"的随笔《逛逛娘娘宫》，记述风趣，摘录于此：

"正在无聊中，同学T君忽然提议：'明天是十五，我们逛娘娘宫啊，谁去？你们。'我说：'不成，不去了，去年曾逛了一回真倒霉！乱七八糟，胡撞瞎冲，一点意思也没有。'同学T君眯眯地笑着说：'一些意思也没有？哼！我就不信，我今年非去不成，装什么假道学？哈哈，这么一说，我们明天是决定去了，不然你就是假道学！'我想起去年我的日记里还留着一些旧痕，何妨拿出来看一看。好容易才寻得了，果然有下边一段：十六号（正月十五）晨，大雾。今天是元宵节，在此地的娘娘宫多要和元旦一样热闹了，我们在未往参拜之先，听同学们介绍，知是本埠唯一的香火盛地，而所谓烧香者，有许多并不专为烧香，于是便发生连带问题'逛'了。托名烧香的妇女，自然亦有真要行善的老婆婆，是为要表现自己的美妙，以预备寻情人，所以他们也自不能不应'默约'而来会，于是便发生神秘的滋味了。"

这篇稿子中还表述，去年元宵节那天，"暾"与几个同学的确到了娘娘宫，并记下了见闻，他们见宪兵驱逐站在月台上的小伙子，在喊："不烧香的，下月台座去，站在这里做什么?"有些小伙子似乎"心术不正"，有时逛庙是假，想看漂亮姑娘是真。

百年前新春纪事

自明代弘治年间宫前集市兴起以来，娘娘宫久已成为天津庆新春最具魅力、最重要的民生舞台，过大年，人们如果不到娘娘宫一带逛逛就好像缺了点什么。一座庙宇承托了太多人真挚的情感与朴素的习俗，这不能不说是津沽地域文化中的独特现象。

新闻报道是生活细节的日记。1919年的春节是2月1日，《益世报》记者有感于天津妈祖民俗的浓郁气息，特意到娘娘宫做了一番探访。记者看到"男（人）妇（女）结队成群纷往烧香……以致宫北街往来之人连卖耍货者拥挤异常，几无驻足之地"。记者走进香烟缭绕、红烛高烧的宫中，如同处在云雾世界。他看到一种"视为不怪"的情景："时髦男妇并肩叩头。"限于当时的观念，记者认为这有悖于天津的文明风气，需要革除。因为一直以来天津民众俗信求子是女人的事，男子一般是不进庙的。

旧时，人们的休闲娱乐生活有限，春节期间出门玩玩，逛逛娘娘宫，自是一大乐事。特别是女人们穿戴一新打扮靓丽，过年期间常常要到娘娘宫磕头或观光。所以，逛娘娘宫的男子顺便"饱眼福"者不乏其人。《大公报》副刊曾刊发过一篇有趣的逛庙日记，说某男大学生在1927年元宵节那天的晨雾中前往娘娘宫，他在途中问拉车夫，是不是过年这几天会多挣些钱，车夫说挣钱多少无所谓，能多拉几个大姑娘心情好就是了。日记表述，热闹的宫中拥挤得水泄不通，香火很盛。卖香的老者在老太太面前晃动着货品，吆喝着："香，太太！香，太太！三个大子一份。"学生不无调侃地说卖香老头只有在今天才敢这样，"老头也幸福了。"他在宫中停留了约20多分钟，发现大多数女子的确是来祈福许愿行善的，但也有人"要表现自己的美妙，以预备寻情人"，她（他）们"默约"而来。另外，他看到只要大殿月台上的小伙子一多，维持秩序的宪兵便高声喊道："不烧香的下月台去，站在这里做什么？"

1929年的一则民情报道也说，除夕的香客中多是香艳女子，她们"争美斗妍，环拜殿前"。其实，这番情景在同时代戴愚庵的《沽水旧闻》中也有记载。作者熟谙天津民风，专门的《娘娘宫站岗》一文就将过年期间站在月台上"观景"的男子比喻为像巡警站岗一样。

1931年2月16日除夕这天，娘娘宫早早就热闹起来了，买小金鱼的商贩利用人们期盼富贵的心理，"满缸满盆置诸天后宫院中，向游者兜售"。宫中首饰店的生意也很红火，"多为烧香之妇女而设，谒过天后娘娘，即随驾于此"。当时的女子多用旧首饰换取新品，店家获利颇丰。大年初一，有位记者在大殿前看到香客游人、红男绿女拥挤熙攘，"内中孩子哭声，大人叫声，铜子哗啦声，签筒叮咚声，嘈成一片……"走出娘娘宫，宫南宫北照样水泄不通，人们的脸上无不洋溢着喜气，尽情享受着津门故里红火年的氛围。

四十一、妈祖文化与邮票

我国首枚妈祖题材的邮票发行于1992年10月4日。《妈祖》一套一枚，面值20分，整版50枚。同日，《妈祖》邮票专题邮折也在福建莆田首发，并启用了特色邮戳，可谓锦上添花。

票面上的妈祖雕像屹立在莆田湄洲岛上，高14.35米，工程历时三年，建成于1987年。妈祖身披龙袍、霞帔，头顶凤冠、冕旒，双手抚持如意，慈目仁和，面向大海，仿若天降。雕像组石365块，象征一年365天妈祖护佑四海万民。

《妈祖》版票分通齿、不通齿两种，不通齿票发行量相对少。截止到1992年，《妈祖》是我国发行所有编年单枚票中唯一的一枚特种邮票，曾有邮友作打油诗云："邮市冰寒水深，大盘向下急奔，谁敢横刀立马，唯我妈祖女神。"究其原因，除上述唯一因素外，妈祖文化具有深厚的民俗生活基础，特别是在海峡两岸的亲情纽带作用，使这枚邮票承托了更深的内涵。

《妈祖》邮票由设计大师万维生设计。20世纪90年代初，台湾一些民众逐渐冲破藩篱，回大陆探亲、旅游观光。与宝岛近在咫尺的湄洲岛也同时成为焦点，因为妈祖在宝岛有非凡的影响力，信众如云，许多宝岛民众相继跨海而来，到湄洲拜谒妈祖。万维生就是在这样的大背景下接受了设计《妈祖》邮票的使命。

来到湄洲岛，妈祖故里浓厚纯朴的人文气息感染着万维生，最让他为之动容的就是那仪态雍容、庄重大气的石雕妈祖像。发行《妈祖》邮票的主旨在此刻或许真的形成了一种天人感应，万维生曾在回忆文中描述："辛未冬（1991年冬，括号内为笔者注，下同）设计妈祖邮票限期交稿，陆海空兼程奔赴湄洲岛。时逢（福建）全省连日阴雨，与小程（当地邮电干部）持伞妈祖雕像下等候阳光拍照。十时左右天空乌云翻滚，顿时，射出灿烂阳光。急抢拍……乌云又遮天，下山打伞护相机，请回宝像返京。能如期交稿妈祖保佑。神光出现，邮电局小程为证。"

随着《妈祖》邮票的诞生，万维生也与妈祖结下了不解之缘，为妈祖文化的推广做了大量工作。

妈祖邮票

天津作为中国北方最大的港口城市，历来海运发达，民风朴厚，海神妈祖早在元代就已北上津门，天津始建天妃宫、天后宫等庙宇。妈祖，被当地人亲切地称为"娘娘"或"天后老娘娘"，其文化现象与民俗事例从多层面影响着一代又一代天津人，早已成为天津城市发展中重要的组成部分，可谓家喻户晓。

1998年4月19日，为纪念妈祖1038周年诞辰，天津集邮公司推出首日封一枚。信封右上角贴《妈祖》邮票，与左下角的天津娘娘宫正殿内外景观相得益彰。

四十二、异彩纷呈邮品多

　　1990年11月1日，福建泉州邮政部门将泉州天后宫风光导入邮戳，引来一时佳话。随后，浙江洞头、湖南芷江等地也结合当地的妈祖宫庙，分别于1993年1月5日、8月21日启用了风景邮戳。福建莆田邮政部门在1993年10月16日又一次设计出"湄洲妈祖庙"与"贤良港天后祖祠"邮戳。

　　"你可知Macau不是我真姓，我离开你太久了母亲……"有一种说法是，当葡萄牙人初次到达中国澳门时，第一眼见到的高大建筑物就是妈祖阁，因此按当地人称"妈阁"的发音，将此地称为Macau。1998年5月6日澳门发行《妈祖》邮票一套四枚，画面反映了"默娘降生""仙赐铜符""灵女升天"等传奇故事。

　　2000年4月27日，值妈祖诞辰1040周年之际，我国发行了《妈祖传说》特种邮资明信片，一直让邮迷津津乐道。《妈祖传说》一套六枚，选材于妈祖题材古典绘画作品，图画以娴熟细致的笔触反映了"妈祖诞生""海上救难""湄屿飞升""神女护使""钱塘助堤""涌泉济师"的故事。尤其是"涌泉济师"一图，再现了清康熙二十一年靖海将军施琅出征跨越海峡过程中屡得妈祖护佑的历史传说。

　　2001年4月19日，首届中国·天津妈祖文化旅游节隆重开

纪念封

《妈祖传说》明信片

168

幕。天津市邮政部门推出《妈祖》特种邮资明信片一套五枚。明信片图由娘娘宫天上圣母像、娘娘宫戏楼、娘娘宫景色、御赐楹联等组成。当晚，娘娘宫内举办了传统放游河灯的民俗活动，入场券也采用了明信片的形式。此后逢节庆活动，天津邮政与娘娘宫又相继推出个性化的邮票、首日封、明信片、邮折等系列邮品。

全国首枚《妈祖》纯金邮票于2003年4月24日在妈祖故乡隆重发行。这枚邮票以1992年的《妈祖》邮票为底本，由上海造币厂制作，绝版限量发行五千枚。2004年11月18日普通邮资信封《海上女神妈祖》发行，封上邮票票面采用的是凭海临风的妈祖形象，面值80分。

妈祖民俗飞越海峡向台湾传播始于明代，积淀丰厚。北港朝天宫早在1960年2月11日就登上当地的风景邮戳，此后的1961年、1978年、1983年、1995年，当地又启用过四枚一组的朝天宫风光邮戳，特别是1995年2月22日的八角形邮戳尤其受到集邮爱好者的欢迎。同时，澎湖天后宫、鹿港天后宫的景色也跃然于邮戳之上。妈祖绕境进香活动在宝岛素有民俗传统，引人入胜。2004年5月7日北港朝天宫举办妈祖出巡活动，当时发行了《好言好语》个性化邮票一套十枚，并启用了特制邮戳。邮票采用传统祝颂吉祥文字与图画，与朝天宫妈祖出巡活动的场面完美结合。

四十三、五光十色说门票

改革春潮蔚然成风，随着天津古文化街开张纳客，同时复建竣工的娘娘宫也于1986年元旦重新对外开放，民众纷至沓来，香火续起。

当年，鉴于百姓物质生活水准有限，娘娘宫门票仅为一角，横条票面以淡绿色为主，纸质、印刷相对粗糙，甚至会出现脱色现象。

那时，内部还有一种简单的"参观招待券"，是像同期的电影票一样的小纸条。小票用棕红油墨印，票面左侧有一圆形小图，为庙里的钟鼓楼图。

娘娘宫开放后人如潮涌，接待量近乎饱和。此后票价改为两角，此票为红色，当时购票曾随赠黑白印刷的庙宇简介一张。这一阶段，娘娘宫还曾推出塑料片彩色印刷竖式书签，上有金色"游览纪念"字样，主图是椭圆形的，为蓝天白云下的钟鼓楼图，下端附注英文以及"天津市古文化街"字样。

据故纸藏品所见，娘娘宫的五角横式门票有两种，其一为大红色的，票上左角为手绘山门图；其二是明黄色的，已用初级照相制版法印刷，票上有山门图、娘娘圣像图，分红黄两种票，其上皆标"参观纪念"字样。在此价格基础上，后来又一度曾补盖

"加三角"红戳，即成为八角通票。当时庙里的藏经阁经常举办文化展览，持通票可观展，若不进藏经阁，票价可选五角那一种。

笔者所见，随后还是同款的明黄色门票，票价涨至一元，又见"加盖版"，上有"票价2元"戳记。

接续推出横式朱红色门票，制版印刷清晰了许多，票上左侧仍是山门图，但票价并未明确标明，仅预留"票价"字样。在这一版门票上已出现票号，打在存根与副券处。此朱红色票稍后还有一版，明确印"三元"，且标"世界三大天后宫"字样。

娘娘宫重新开放初期使用过的招待券

随着社会文化不断活跃，娘娘宫门票花样多了起来，竖式蓝底色门票推出，票价三元，铜版纸全彩印，主图为天后圣母宝像，票背面有简介。此样门票还有繁体字版，然而"天后"的"后"字被误排为"後"，错版门票不久停用。因外宾游客日见增多，在此票样的基础上又衍生出烫金版外宾专用票，票面尺幅稍大，其上为繁体黑体字，这是娘娘宫门票首次采用烫金的形式。

后来，娘娘宫三元门票又从竖式改回横式，主图为山门照，右附英文。票有副券、编号。这之后，蓝色横式五元、六元门票相继使用，尺寸比以前大了一圈，图为广角拍摄的娘娘宫雪景照，票上有"世界著名天后宫"字样。有一细节，据藏友藏品而知，有的五元票上曾加盖过"票价3元"的红戳。

2007年春季大典之际推出特殊门票，票分正殿前红区、蓝区两档，所标"香资"分别为600元、200元。此票为不干胶式，可贴在拜垫上，便于识别。红区票还有一种纸质折页版的，图案相同，打开内页为牙白色。

172　老门票

四十四、票面越出越好看

娘娘宫门票花样不断翻新。2010年庚寅虎年，名为"虎年行大运"的"金币卡"推出，印有"广大市民凭此卡进宫祭拜"字样。卡票图样为三个金元宝摞起的样子，正面为天后圣母像，背面为山门图，卡上嵌"金币"一枚，币面前后分别是山门图、猛虎图。

近年，娘娘宫有一版横式金黄色门票，票价十元。票面上山门图背后闪着光芒，上有"世界三大妈祖庙"字样。门票背面有导览图以及诸神纪念日明细。此票有姊妹版，即半价票，票面比十元票小一半，名为"参观券"。半价票正面仍是山门图，但有门前幡杆，文字是"世界著名妈祖庙"的提法。半价票背面除了简介之外，右侧有庙里的明代石狮照。

关于门票上常出现的"三大"字样，学者董季群1999年、2004年两次到福建妈祖庙进行实地考察，在2011年3月发文说，他"曾以'中国三大天后宫指的是哪三座天后宫'为题，对当地的一些妈祖信徒进行调查，均据'内定'答案相差甚远。近年在天津文化圈内进行调查，许多人对此说亦不认可，并指出其偏颇之处。现在，即便浏览互联网，搜寻的答案也是五花八门，基本原因还在于认识的不统一。'三大妈祖庙'之说，仅流行于热衷此

春祭大典专用门票

命题的圈子中，并未能获得广泛的社会认同"。

　　进入2000年以后，民俗活动在津日益增多，2001年娘娘宫曾举办过放荷灯活动，恰好民间艺术紫砂"百龙壶"展示同时举行，二者关联推出过两张一套连体明信片式门票，集邮公司承制。明信片一面为紫砂壶照片，明信片一侧有副券，副券上有荷花蜡烛图。

　　2009年正月十五灯节之时，娘娘宫举办"百子贺春灯会"，有专用门票一张，竖式，票面橘色，上有爆竹声声吉祥图，背面注"本票仅限灯会活动时间段内有效"字样。与门票关联的还有一张"百子贺春画牛灯"选票，右侧预留三个灯笼的编号空格。

　　2018年岁末，为迎接农历己亥春节到来，有关方面推出大型精装开合式画册《天后宫过大年》。书中扼要表述了老天津年俗及庙内外年景，其中还有清嘉庆皇帝御赐"天津天后宫天上圣母之宝印"图，并特附猪年版门票一张。

　　画册附带的这张门票，画面喜庆热闹，中间为大红底色衬托山门图，山门上方有"天津市民俗文化发祥地"金字，左右有灯

己亥年（2019年）贺岁版门票

笼若干。山门下方左右各有一头小金猪，象征"肥猪拱门"。主图两侧为存根、副券，标明"成人票拾元"。门票背面以湄洲岛妈祖雕像为底图，印有简介、窗花图案等，且标"先有天后宫，后有天津卫"字样，简体。但是，简介文字又使用了繁体，且出现"天后"的"后"被误排为"後"的问题。另外，其中"泰定三年（1326年）敕建"的提法在学界也莫衷一是。

四十五、红学大师桑梓情

红学大师周汝昌1918年4月出生于天津咸水沽，对津沽历史文化一往情深。周先生曾说："我们的祖祖辈辈没离开漕运文化所带来的一切。我小时候在木船里长大，闻着木材的香气，往来于津京与关东山之间。"1996年5月周汝昌在津地文化活动中进一步表示："天津有两个母亲，一个是母亲河，就是海河；一个是母亲神，就是天后娘娘。"

周汝昌第一次到娘娘宫是他在大经路（今中山路）觉民中学上初中的时候，是由其二哥周祚昌（时在宫北一家钱号当职员）领他去的。"那时的天后宫，本地人还是口语称作娘娘宫，走进天后宫大门，院落并不宽敞，被一个高约三四尺的砖台占据着。台上的建筑是一座形态十分古老而美观的大牌坊，这就是我平生所见的最为难忘的古代名胜景观——要知道，当时这种大牌坊的四周并没有留出多少行人的道路，并不像今天的大院子那么宽敞。"

2003年新春佳节前夕，笔者曾赴京拜望周汝昌先生。周先生说："天津卫人供天后，其意义深刻呀。男人在河海谋生，北到辽吉，南至闽粤，靠船涉百险以运贩，他们的生命与水紧紧地连在一起。高超的航海技术之外，他们更需要天后的慈恩加护，这便是最大的精神支柱。"周先生觉得，娘娘不仅具有海神文化的特

如今的"百谷朝宗"牌楼

征，还关注着百姓的生死病痛、子孙后代等。旧时的医学欠发达，子孙成长、家庭进步无不与天后民俗有关。他说，天后情结是中华民族文化的一种重要形式，绝非"迷信"或"小事一段"、只是"热闹儿"等琐末认识所能正确估量的。"天后信仰实际上是津沽百姓世代传承、亿万人凝聚的心愿，也就成为一种精神力量。"他还为娘娘宫撰写过一副对联：

> 裁霞曳绣，辇凤翠鸾，士女总倾城，竞香影六街，
> 万盏明灯迎五驾；
>
> 镊簟凌波，衔龙画鹢，神灵长静海，敷恬风九域，
> 千艘楼橹会三津。

说起出皇会，周汝昌先生曾在文章中表述，昔日的皇会娘娘出"五驾"，五座凤轿出会巡幸，有专门的会道（路线），鼓乐齐鸣，好看得不得了，他特别强调"巡"字已是皇家的级别了。再说起咸水沽高跷，周先生更如数家珍。周先生的祖父喜欢乐器，爱听唱曲，也好民俗演艺，常给各种耍会（花会）买行头、道具、乐器等，支持乡亲们自娱自乐。凡是乡镇的大型文艺活动，他总是带头倾囊赞助，乃至筹办学校，热心公益，薪火相传成家风。后来，当地百姓曾专门将"积善之家"匾额送给周家。

2012年4月周汝昌先生在北京与咸水沽文化人士相谈，询问了家乡高跷会、法鼓会等花会的发展情况。当得知咸水沽高跷得以恢复且红火发展时，周先生非常欣喜，他用了"石破天惊"一词来评价这一民间艺术的传承。

四十六、文学作品如是说

除了常规的地方志不断提及老天津娘娘宫之外，清康熙年间徐乾学的《资治通鉴后编》中也说："辛丑，此庙即今之天津天后宫，因其坐落在海河西岸，俗称西庙……宫门上的'敕建天后宫'五字，则是'乾隆乙巳'敕建庙宇，是封建朝廷对神祇褒嘉的最高规，故为数甚少。"另如《清稗类钞》《天津皇会考》以及实用书籍《天津指南》《新天津指南》中也有不同表述。

老娘娘宫是天津年景的热点。光绪年间的《津门杂记》对宫前年货市场有记："东门外，宫南、宫北，及估衣街一带，万商云集，百货罗陈……每当腊月初间，店铺门前隙地，均贴有红

皇会人偶

签，上写'年年在此'四字，为卖年货者占先地步……所谓年货，即香蜡、纸锞、鞭炮、门钱、岁朝清供各品。"再至民国时期戴愚庵的《沽水旧闻》、高凌雯的《志余随笔》、李燃犀的《津门艳迹》、萧振瀛的《华北危局纪实》等文字中也不乏笔墨。

1927年2月12日，还在春节的氛围中，《北洋画报》刊出《娘娘宫里的傻大爷》稿："娘娘宫一进门，有一座小楼，写着'张仙阁'三字……别的神像，也没有什么稀奇，只见旁边一座塑像年纪很轻，穿着黄马褂，拖着一条辫子，仿佛手里还拿着一根旱烟管。这座神像上面写着几个大字道'傻大爷之神位'，有许多女人们在神像前烧香磕头，也不知道她们祷告些什么？这真是在下平生第一次看见的怪事。"文中还发问，不知傻大爷源自何方。其实，据陈铁卿在有关文章中说，傻大爷从津地传说中产生，据说姓白，能包治百病。

1928年1月31日《东方时报》副刊《东方朔》刊发了刘云若的《写于除夜》，其中记述了一些娘娘宫的年景，"吾人一思及天后之宫，脑中即幻现庄严之宝殿，及狞厉之金刚"，然而，刘云若却感觉除夕夜庙里"宝殿既不庄严，金刚亦不狞厉"，除了善男信女，还是一个"妓女荡子及乞丐之世界"，"津中妓女，例于是夜到庙烧香"，"妓女上殿烧香，荡子廊前待漏。履进履退，相识相呼"。刘云若说，这些女子烧香的目的无非是"忏悔今生绮孽"，或"预祝来世生涯"。

当代，直接或间接反映老天津娘娘宫风情的文学作品有鲍昌的《庚子风云》、冯骥才的《神鞭》等。冯先生对娘娘宫一往情深，在《春节八事》中讲述："天后宫一直是天津过年的中心。年的中心就是生活做梦的地方。近十余年，这里的剪纸空前兴盛，天津人脑筋活，手巧艺高，花样翻新，在年文化日渐淡薄之际，

皇会人偶

剪纸便担当起点染年意的主角。故而每到腊月，我都会跑到宫前的大街上走走转转，挑选几张可意的剪纸，再买些这里的传统过年的用品如香烛绒花之类，把年的味道带回家中。"

四十七、绘声绘色在笔端

作家冯骥才的名著《三寸金莲》家喻户晓，作品以晚清娘娘宫至三岔河口一带为环境背景，将脚行、码头、海关、盐商、古玩商等三教九流融入民俗长卷之中，并活灵活现地展现出来，具有浓郁鲜明的天津地方特色。

不仅如此，冯骥才对他亲历的旧时娘娘宫、宫南宫北的年景也记忆犹新。他在《逛娘娘宫》一文中写道："那时，像我们这些生长在天津的男孩子，只要听大人们一提到娘娘宫，心里仿佛有只小手抓得怪痒痒的。尤其大年前夕，娘娘宫一带是本地的年货市场，千家万户预备过年用的什么炮儿啦、灯儿啦、画儿啦、糕儿啦等，差不多都是从那里买到的。我猜想这些东西在那里准堆成一座座花花绿绿的小山似的。我多么盼望能去娘娘宫玩一玩！"

一年岁末，小孩子在家人带领下去逛娘娘宫，实乃梦寐以求的美事。"我们一进娘娘宫以北的宫北大街，就像两只小船被卷入来来往往的、颇有劲势的人流里，只能看见无数人的前胸和后背。我心里有点紧张，怕被挤散，才要拉紧妈妈的手，却感到自己的小手被她的大手紧紧握着了……"走进庙里，冯骥才"心里还掠过一种自豪与得意之情，心想，回头我也能像独眼表哥那样对别人讲讲娘娘宫的事了。而我的姐姐们还没有我今天这种好福气呢！

1936年出皇会之际的娘娘宫山门与市井

庙里好热闹，楼宇一处连一处，香烟缭绕，到处是棚摊。这宫院里和外边一样，也成了年货集市。小贩、香客、游人挤成一团，各色各样的神仙图画挂满院墙，连几株老树上也挂得满满的。一束束红蓝黄绿的气球高过人头，在些许的微风里摇颤着，仿佛要摆脱线的牵扯，飞上碧空……宫院左边是卖金鱼的，右边的摊上多卖空竹……"

　　作家周振天以小说《玉碎》闻名，他从小在天津长大，少年时曾考入天津人艺学员班，闹灯节的娘娘宫、做礼拜的西开教堂，还有繁华热闹的劝业场都曾是他流连忘返的地方。2005年天津人艺推出话剧《望天吼》，即根据《玉碎》改编。不仅如此，《望天吼》的情节中也对天津民俗民情多有着墨，比如洗三、拴娃娃、娃娃大哥、鬼市等。

作家夏坚勇2002年出版的《大运河传》曾获"五个一工程"奖、首届中国出版集团图书奖。书中道："北上的漕船过了杨柳青，就进入天津了。到了天津是必定要靠岸的，这不仅仅因为天津是京师以下的第一个大码头，更重要的是，船夫们要到天后宫去烧香叩头……而那些从天后宫回来的人，似乎已从神灵那里得到了某种许诺，从此可以一帆风顺，大吉大利了，因此举止便显得很轻松，他们潇潇洒洒地解缆、开船，扯篷的声音也如释重负一般，那让出来的位置很快就被别的船只填满了。他们是带着满足启程的，天后宫那种宗教的神圣和世俗的热闹都让他们心满意足……"

四十八、诙谐风趣俏皮话

歇后语（俏皮话）是民俗文化、语言文化的组成部分，为人津津乐道。妈祖信俗以及老天津的二十多座娘娘宫深深影响着百姓生活，随之衍生的不少歇后语，如"佘太君拴娃娃——瞎凑热闹"；"娘娘宫里抱个兔捣碓——没点人样儿"；"天津卫的娃娃——泥（你）小子"等。

旧时，娘娘宫内外有几处卖木制刀枪剑戟小玩具、卖气球、卖脸谱的摊子，五光十色，琳琅满目，这着实让孩子们拔不开腿。那年月俗称儿童玩具叫"耍货儿"，小摊也叫耍货摊，"耍"，给孩子玩儿的意思。那说谁家孩子从小娇生惯养，什么真本事硬功夫也没学会，长大干啥都稀松二五眼得过且过不踏实，有人便调侃这样的人好似"娘娘宫的小玩意儿——耍货儿"。不认真，是学业

"有求必应"铜匾

进步的大忌。比如孩儿他妈恼了，指着二蛋子数落："你这倒霉孩子上学就耍货儿吧，回头考试不及格，老师请家长我可不丢脸去！"天津人有时也将"耍货儿"说念成"耍乎儿"。另外，民间说"耍儿"也有其他意思，多指祸害一方的混混儿。

老天津水质差，又苦又咸，挑甘甜的运河水、井泉水售卖是民间一项营生。在哪卖水都成，最好别到娘娘宫附近吆喝，因为老百姓有话："娘娘宫前卖水——找挨骂。"您想啊，妈祖娘娘是海神，谁若是在圣母眼皮底下卖水，岂不是班门弄斧自不量力找臊吗？说到海神，老娘娘坐海眼的神趣故事在津流传已久，缘此也衍生了"娘娘搬家——现大眼了"一说。娘娘安坐海眼，如果被搬动移位，那海眼必会现出，大水就会淹了整个天津卫。这歇后语暗讽那些办事鲁莽不靠谱儿砸锅现眼的人，或者说"老娘娘搬家——有多大眼，现多大眼"，细想不无道理，海眼啊，那可大了去了。

清人冯文洵的竹枝词有云："家供张仙子嗣求，娘娘庙里又来偷。逡巡殿角知新妇，欲系红绳尚觉羞。"因日常生活所需，海神妈祖的职能被讲求"实用"的老天津人不断扩充，其中衍生的送子娘娘便是重要一尊，妇人们最爱拜，进而有了"娘娘庙里求子——有求必应"的歇后语。拜了娘娘，拴了娃娃，果然来年"产房传喜讯——生（升）了"，甚至是几（家）门守一门，好似"娘娘宫前的大旗杆——独根苗儿"。话中形容庙前幡杆高耸入云很显眼，"独根儿"或"独苗儿"后来也用来形容独生子女。

术业有专攻，老天津人都晓得拴娃娃要到娘娘宫，如果去了别处，那好似"老爷庙里拴娃娃——认错门儿了"。娘娘宫大殿里当然是老娘娘的圣地，假如供的不是老娘娘呢？那便是"娘娘宫大殿供（奉）寿星老儿——是那个庙，不是那个神儿"了。再反转，也有形容某些环境格局变化的俗话："是那神儿，已不是那庙了！"

四十九、习俗传南北东西

妈祖文化信俗遍及全球，据不完全统计，全世界约有五千多座妈祖宫庙，具有很强的人文基础。天津与各宫庙往来频仍，促进了妈祖文化的广泛交流与发展。

福建莆田是妈祖文化的发源地，当地妈祖庙数以百计，仅湄洲岛上就有二十多处。湄洲妈祖祖庙初建于宋雍熙四年（987年），是世界上最早的妈祖庙。平海镇的天后宫俗称娘妈宫，始建于咸平二年（999年），因宫有108根木柱，又称百柱宫，是第一座妈

莆田湄洲岛祖庙

北港信众来天津
娘娘宫交流

北港朝天宫所携
美扇

祖分灵的宫庙。在福州、厦门、泉州、长乐、平潭、福清、晋江、惠安、漳浦、东山、宁德、罗源、霞浦等地，妈祖庙多达五六十座。其中，泉州天后宫是我国首个被列为全国重点文物保护单位的妈祖庙，它始建于宋庆元二年（1196年），另外，仙游有十几座宫庙，永定、上杭、浦城、安溪、邵武等福建山区也有妈祖庙。

在广东，妈祖庙有四五十座，其中以建于宋末的深圳赤湾天后宫较为知名，还有蛇口天后宫、大鹏城天后宫、广州南沙天后宫、汕头妈屿天后宫、潮州天后宫、汕头达濠天后圣庙、陆丰下虎岛天后宫、陆丰南塘华山寺、湛江赤坎文章湾天后宫、海丰大德妈祖庙等。

据明正德《琼台志》载，至迟在元代，琼山（海口）、万州（万宁）、崖州（三亚）、感恩（东方）等地就已建起天后宫、天妃庙，海南省地方志《琼州府志》中载："今渡海往来者，官必告庙行礼，而民必祭卜方行。"习俗传承，如今的海口白沙门天后宫、海口中山路天后宫等，皆吸引着众多游人。在广西，北海涠洲岛天后宫始建于清雍正十年（1732年），20世纪80年代重建。庙在陡峭的山脚下，依山傍海，肃穆庄重感凸显。贵州镇远天后宫又称福建会馆，建于清代。

江浙沪约有三十多座天后宫，其中以太仓天妃宫、南京天后宫、苏州天妃宫、宁波甬东天后宫、遂昌天后宫、上海松江方塔天妃宫等尤其闻名。湖南有芷江天后宫，它是我国内陆最大的妈祖庙之一。江西庐山天后宫融于山色风景中，美不胜收。在河南洛阳，有丽景门天后宫。到山东，可以游览烟台庙岛显应宫、芝罘天后行宫、青岛天后宫、蓬莱天后宫等。辽宁沈阳天后宫是福建商人陈应龙于乾隆四十七年（1782年）兴建的，曾是我国最北端的妈祖庙。山西太古天后圣母庙建于清乾隆年间，原为城内孟家的家庙。

　　香港妈祖庙有百多座，屯门后角天后宫、油麻地天后宫、铜锣湾天后宫、庙街天后宫等都很热闹。澳门妈祖阁建于明弘治元年（1488年）。妈祖信俗在台湾有着广泛的民众基础，当地的大型妈祖庙多达五百多座，有的一个县市就有几十座、近百座，其中的北港朝天宫为世界著名妈祖庙之一。澎湖马公镇天后宫始建于万历三十二年（1604年），堪称当地妈祖庙中最早的一座。

五十、四海妈祖同一人

源于天津历史文化的魅力，缘于津沽妈祖的风范，近年来不断吸引着五湖四海的朋友前来参访交流。

早在1991年，台湾北港朝天宫的文化人士就到天津娘娘宫拜谒，并建立了友好关系。随后，朝天宫还特向娘娘宫赠送了"四海同光"匾，一时被传为佳话。1996年天津妈祖文化访问团一行应邀赴台湾，受到台北、云林、台中、台南、嘉义等地妈祖宫庙的热情接待。这期间，当地的一些媒体纷纷报道了交流活动。

接下来，海峡两岸妈祖界人士往来如梭，共襄义举，妈祖文化已成为凝聚炎黄子孙骨肉亲情的桥梁与纽带。

天津是妈祖文化在北方传播与弘扬的中心城市，其影响远播海外，东南亚各国以及美国、法国、俄罗斯、丹麦等欧美历史学、社会学学者纷至沓来，海内外友人对天津地域文化和妈祖民俗民风产生了极大兴趣。

2001年4月19日上午9时，九条彩龙腾飞，十八只雄狮腾跃，三十六面大鼓擂响，四十五位少女持红灯祈福，七十二响礼花绽放，八十一面幡旗迎风招展，无数气球漫天飘舞——首届中国·天津妈祖文化旅游节隆重开幕。1041羽和平鸽飞向蓝天，那一年是老娘娘妈祖天后诞辰1041周年。

湄洲岛妈祖像

天津娘娘宫南侧妈祖
园内的妈祖像

妈祖节开幕式上的中幡表演

　　第二届妈祖节于2004年9月举办。随着娘娘宫传出的钟声、鼓声，数千羽白鸽和无数彩球升空，来自福建湄洲妈祖祖庙、天津娘娘宫、北港朝天宫、大甲镇澜宫等十二家宫庙的代表在娘娘宫内庄重地为妈祖圣像安座。各地代表又将他们各自带来的台湾日月潭水、湄洲闽江水、澳门濠江水、香港香江水、上海黄浦江水、青岛崂山水、锦州女儿河水、南京玄武湖水、广东珠江水、深圳仙湖水等，与天津海河水一同融入"四海安澜瓶"中；又把各地的泥土也汇入"坤泽四方鼎"内，众水合一，众土归一，象征着中华民族同祖同宗、同根同源，体现了天下妈祖是一家的亲情与友情。笔者曾参与策划此次活动，至今回忆起来仍备觉欣慰。

　　活动期间，湄洲妈祖祖庙、大甲镇澜宫还向天津娘娘宫赠送了"河海尊亲"匾、"德孚四海"匾等。天津妈祖节吸引了来自国内外的四千多位嘉宾及各省市数万名游客参加，活动情况成为众多海内外传媒关注的热点。

2006年9月第三届妈祖节开幕式以海河水面为舞台，其中的祈福大典活动以"锦鲤放生"为展演主线，当各地宫庙代表们共同开启闸门的那一刻，许多锦鲤顺流而下，游入海河水中，满足了人们祈福求顺的美好心理。

至2020年10月，天津举办了十届妈祖文化旅游节，旨在通过妈祖文化纽带更好地连接世界、沟通世界，深入推进海内外交流合作，讲好精彩的天津故事。

拴娃娃

一、人与泥土亲缘"吃子山"

话说求子、祈吉是老天津传统婚育礼仪民俗中的典型事例，"拴娃娃"与"娃娃大哥"民风广为流传，留下许多精彩、风趣的岁月往事。相形之下，庙堂因民所需不断加塑，人们俗信能够赐福送子的神明层出不穷，大有多多益善的感觉。民间与学界对拴娃娃源起与流变的关注相对较少，系统研究不足，又因所处视角不同，素来莫衷一是。

女娲，中国上古神话中的创世女神。《山海经》是一部富于神话传说的最古老的地理典籍，其中记载的女娲用泥土造人的故事家喻户晓，也曾写进当代小学课本中。诗人李白在《上云乐》中说："女娲戏黄土，团作愚下人。散在六合间，蒙蒙若沙尘。"接下来，女娲又为人建立了婚姻制度，男女婚配繁衍子嗣，女娲缘此又被视为婚姻女神，进而演化成民间信仰中生育神、送生神的原型。

人与泥土有着亲缘关系。直到今天，在河南淮阳人祖庙会上仍有不少民众从自己的家乡带来黄土，为人祖添坟祭拜，传说此举是为了回报人祖抟土造人的功德。旧时，在河北、山东等地乡村的求子活动中也不乏与女娲崇信相关的习俗，比如在娲皇宫、观音殿拴了小泥娃娃，同时要取一点娃娃"小鸡儿"上的泥土带

20世纪30年代末、40年代初春节期间逛庙会的人摩肩接踵

回家，俗称"吃子山"，期盼新媳妇早有孕早得子。

学界也有观点对拴娃娃源于女娲之说表示存疑，原因大致有二：女娲造人的故事早在先秦就已流传，可隋唐以前的风俗史料中却未发现类似捏泥人祈生育的记载。其二，考古发现的汉代用泥土做的小车、小狗等玩具很精致，但为什么唐代以前的文物中很少见到小泥娃娃之类呢？

我们再来聊另一脉络。送子娘娘怀抱童子的形象为人熟知，佛学文化中的送子娘娘尊号全称大慈大悲救苦救难送子娘娘，又称注子娘娘、送子观音、观自在菩萨。据《妙法莲华经》记载："若有无量百千万亿众生受诸苦恼，闻是送子娘娘，一心称名，送子娘娘即时观其音声，皆得解脱。"历来，送子娘娘的形象非常丰富，这大致与观音菩萨有各种化身的神话有关。现在我们常见的送子娘娘多为女相，但唐代以前皆为威武男相，敦煌莫高窟壁画、南北朝雕像中的观音也是男身。

二、娘娘送子奉若真人

儒家思想旧言"不孝有三，无后为大"，受此影响，百姓传统观念中相对应产生多子多福、母以子贵之幸福说，所以历代各地皆不乏拴娃娃求子的参与者。日常生活中，人们向观音菩萨求子的民俗活动丰富多彩，有叩拜表达心愿的，也有折取少许观音瓶中的柳枝求吉利的，更多的则悄悄在观音面前"偷走"或拴走一个小泥娃娃，并将那娃儿视为神明所赐之子，奉如己出。

明代中叶以来，随着民众信俗生活多元发展与演进，拴娃娃的习俗在各地民间得到进一步认可，特别是王母娘娘、泰山娘娘（碧霞元君）、金花娘娘、天后娘娘等一系列民俗女神及其宫庙的设立与扩建，相形之下，众神明的美好形象与神话故事层出不穷，娘娘的职能也在扩大，集送子、保生、赐福等于一身，神通广大。如此，拴娃娃民俗活动自然而然地产生并流传开来。民国时期，文字训诂学家胡朴安编撰的《中华全国风俗志》集各地民情之大成，所载安徽寿县（寿春）岁时民俗中提及，在碧霞元君祠，塑像前摆放着许多漆了金色的泥娃娃，随时可供人们抱取，或拴男娃，或求女娃，随心所愿。事毕，大家皆会留下些许喜钱。书中又说，拴回家的泥娃娃照样要天天"喂"它吃东西。

唐宋时期有一样小泥娃娃玩具叫摩喝乐，多在七夕节前后集

民国时期的泰山碧霞祠

中上市，购者如云。同时，这小泥娃娃也被民众广为供奉，用来祈福子嗣兴旺，聪明伶俐。摩喝乐及其化生（像生，视若真人）习俗由此兴盛，此乃拴娃娃渊源的又一说法。

"摩喝乐"源自梵语，在佛教文化中被称作"摩睺罗迦"或"莫呼勒迦"，是护持佛法的"非人"大力神之一（天龙八部之一）。民间另有传云，说摩喝乐原是释迦牟尼的亲生子，经过七年的孕育才降生，天资无比聪明。此说尤其对摩喝乐在以后民俗生活中的角色演化提供最好的基础与想象空间。摩喝乐也叫"摩睺罗"，宋代的孟元老在《东京梦华录》中说摩喝乐"本佛经摩睺罗，今通俗而书之"。

摩喝乐常规为泥制、陶土制，古人也用象牙、美玉、佳木、蜡等来制作摩喝乐，这在历代文献与出土文物中均有所见。最大众化的摩喝乐泥娃娃也被俗称为泥孩儿、土稚、金娃娃。

三、乞我子孙万万年

清末泥人玩偶与摩喝乐相似

从形象上看，自唐宋时代兴起的小泥玩具摩喝乐大多是身穿肚兜，肩披飘带，脸蛋圆润，眉清目秀，喜笑颜开的童子模样。有的摩喝乐手里还拿着新鲜的荷叶、未开的荷花或莲蓬，在荷塘间嬉戏着，造型很可爱。唐宋器物纹饰常见此图，谓"持荷送巧"，与流传至今的"和合二仙"异曲同工。

宋人笔记小说《东京梦华录》《梦粱录》《武林旧事》《醉翁谈录》中对摩喝乐多有描述，从中可知当时的民众已将其作为重要的"化生"圣像来供奉了，且有比较华贵的龛位，得悉心安置。《东京梦华录》中说，七夕之时，北宋都城汴京

（今开封）的主要街市上"皆卖摩喝乐，乃小塑土偶耳。悉以雕木彩装栏座，或用红纱碧笼，或饰以金珠牙翠，有一对值数千者。"乞巧节那天，人们会供祈上一对摩喝乐，将其视为牛郎、织女。后来有民谣唱道："乞手巧、乞容貌、乞我爷娘千千岁，乞我子孙万万年。"此般风俗一直流播至清代，比如在吉庆的日子里，有些人把摩喝乐送给新婚夫妇，希望二人早得贵子。

唐宋以后的日常生活中，没有涂抹颜色、没有画穿彩衣的摩喝乐照样是孩童们的小玩具，这无形中带来了相当大的市场需求，也促进了民间泥塑艺术的发展。

神话传说多元，是民俗文化的特征之一。关于求子与拴娃娃的源起、关联除上述之外，还有参互古印度牧牛姑娘的传说，有宋代花蕊夫人的传说，有西王母蟠桃会的传说，有俗神张仙的传说等。另外，各地百姓求子活动中也常是各有所祈的情状，比如在扬州，拜三茅真君；在温州，拜无常；在厦门，有石狮会；在成都，有抛童子会等。

摩喝乐也很早出现在天津娘娘宫中。为了满足百姓心理需求，增加庙堂收入，"化生"小泥人被娘娘宫管理者"点化"得更加"专职"，如此，拴娃娃习俗顺理成章地出现在宫中。

历来，求子拴娃娃不分佛道，乃至事关诸多民间俗神，人们一律敬拜，心诚则灵。人文历史、民间俗信千古相传，不断演化，拴娃娃的源起的确是较为复杂的问题，与神话传说、民间俗信、祈子心态，乃至时代潮流等皆有或多或少的关联，盘根错节。至于谜底的真正解开或许正是朴素生活中的神趣吧。

四、富妈穷娘拴娃各不同

老年间，天津娘娘宫香火鼎盛，其原因之一就是受津沽地域广为流传的拴娃娃习俗的重要影响。这话还要从头说起。

天津妈祖（天后）民俗文化源于历史上繁盛的河海漕运。天津位于渤海之滨，地处九河下梢，元朝设大都（今北京）以后，天津即成为北方最重要的漕粮枢纽，帆樯林立，吞吐量与日俱增。来来往往的官船民船无不感念妈祖护佑，泊岸后纷纷酬谢娘娘恩德。《元史·祭祀志》中载："南海女神灵惠夫人，至元中（1264—1294）以护海运有奇应，加封天妃神号，积至十字，庙曰灵慈，直沽、平江、周泾、泉、福、兴化等处皆有庙。"自此，二十多座娘娘宫相继遍布津沽，其中以海河三岔河口娘

憨态可掬的娃娃大哥

204

娘宫（西庙）、大直沽天妃宫（东庙）最为著名。天津民风淳朴，人们从心理上为拉近与妈祖的关系，亲切地称之为"天后娘娘"或"老娘娘"。

天后俗信从多层面、多角度影响着天津城市的发展，影响着一代又一代天津人。娘娘宫初为佛家庙宇，后来权属变更，一直是多元习俗共存、包容广纳之地。至清代，津地民众对天后娘娘的敬奉已从保护航海安全、渔业发达，逐渐扩展到日常生活的诸多层面，缘此，娘娘宫中不断加塑出送生娘娘、千子娘娘、眼光娘娘、耳光娘娘、癍疹娘娘、乳母娘娘等，有着相当的人情味儿与市井色彩。

在旧时的娘娘宫中，娘娘像前有许多泥娃娃，俗称"娃娃山"，求子的妇人可从中选择一个，用红线拴好。若赶上富家女到来，庙堂管理者常会陪在一旁说吉祥话，当然，香客也会撂下可观的香资。传说一般要100文钱，取"长命百岁"之意。若是贫寒人家到宫里，多是悄悄地"偷"个娃娃，少放或不放香资，但毕竟是少数。管理者也睁一眼闭一眼，权当做好事了。

拴了娃娃抱在怀里，妇人轻轻念叨着事先为"孩儿"起好的名字，念叨"好孩子跟妈妈走"之类的话，高兴还家。娃娃被"请"回家后一般会供在炕头，日常待若真人。每餐要为娃娃安排碗筷、饭食，逢年过节会摆上水果、糕点，再换上新的"百家衣"。日后喜得儿女时，那泥娃娃便成为"大哥"，俗称"娃娃大哥"，小孩便是弟弟妹妹。当然，拴了娃娃从某种层面说也算被庙堂拴上了……

五、还愿需要十倍回

仅有拇指大小的娃娃大哥

时光荏苒二十有年，随着娃娃大哥下一代的降生，泥娃娃的辈分也升为大爷、大舅等。娃娃大哥老了，其塑像可以是拄着拐杖或坐在圈椅中的样子，也可以被供到精致的龛里。有趣的是，老天津的一些人家差不多都有两个不在户口册的"成员"，一是腊月二十三"上天言好事"的灶王爷，二是憨厚朴实、笑容可掬的娃娃大哥。

昔日天津民间素有"早养儿早得济"的说法，也尤其崇尚家有"五男二女"的幸福生活。娘娘宫中娘娘塑像多，有求必应，

带着娃儿来还愿

求子祈福的善男信女如云，香火鼎盛，这也使得娘娘宫在求子送
生方面比其他庙宇有了更大的民间影响力。

　　娃娃供在家，小夫妻俩瞅着乐呵和美，不日儿女喜诞，早已
望眼欲穿的奶奶、姥姥更是合不拢嘴。别忘了，当时拴娃娃跪在
老娘娘面前可是许过愿的，于是马不停蹄择吉日（一般选在孩子
百天内的初一、十五或"百岁儿"那天）到娘娘宫去还愿。旧时，
天津民间有"得一还十"或"拴一回百"的说法，也可以送回99

下编　拴娃娃

个，或按当时许下的数目送回，即自家花钱买10个或100个小泥娃娃送到庙里，以示还愿。如此这般，也许有人会问，那庙里岂不"娃满为患"了？坊间传言，庙内除了留足备用外，常会以巧妙方法安置的。

新生儿有个头疼脑热还好调理，但有的娃生来体弱多病，旧年民间化解此事常有两种方法，一是给孩子找个儿女双全的妇人，认做干娘，双方家庭也由此结为至亲；或是请来算命先生给孩子看看，若认为小孩"命硬"，也可以到娘娘宫里"挂锁"认师傅。

娘娘宫的最后一位住持张修华曾撰文回忆，辛亥革命以后，维新日盛，津地废庙兴学，娘娘宫庙产归县学管理，宫中的香资收入自然跌落不少，因此，管理者又开辟了多种形式渠道来维持收益。"挂锁"与"认师傅"便称得上是创收举措。

有经济实力的人家到娘娘宫还愿时，可顺便带着幼子到宫里拜认一名师傅，师傅给孩子戴上长命锁，再起个法名，还要记录在宫中的名册上，表示这孩子已经跳出红尘了，会一生平安健康长命的。

事不算结，"戏"还在后面。天增岁月人增寿，娃娃大哥也要长岁的。

六、奉若真人"洗澡"长辈分

拴娃娃得福得子嗣，为保孩子健康平安，有的家长依旧俗会带小童去娘娘宫认个师傅且戴上平安长命锁。当然，要给师傅一笔礼金。每年老娘娘诞辰庆典的时候，家长还需携子到庙里换锁，也要适当撂下一点银钱。再有，拜师不能忘本，徒儿在逢年过节时要给师傅送钱送物。如若不然，师傅也可上门索要。礼尚往来，一年之中师傅也会到徒儿家中去三次，常在五月端午、八月十五、大年除夕，会给小孩捎些小礼物应应景。徒弟长到12岁身体硬朗

"跳墙"还俗保平安

时就可还俗了，俗称"跳墙头"，这时需再给师傅带点钱物。

人吃五谷杂粮，没有不生病的。老年间医药条件差，传染性疾病痘疹（水痘、麻疹，俗称疹子或天花)的死亡率较高，面对病痛，家长们除了尽力为孩子医治外，也有的人照俗例去求娘娘保佑。

为满足人们的心理需求，娘娘宫内陆续派生加塑出瘢疹娘娘、挑水哥哥（挑水浇灭天花疹子）、挠三大爷（三尊像一组，助小孩挠痒痒）、散行痘疹童子、散行天花仙女、施药仙官等，各有各的职能，塑像形象各异。孩童痊愈后，家里人会去娘娘宫还愿，谓之"谢奶奶"。这时要请手艺人扎彩，扎制神明所用的服饰、轿辇、仪仗等。

话分两头。娃娃大哥被"请"回家后奉若真人，娃娃大哥每年也要长一岁"洗"一次。所谓"洗"又叫"洗澡"，就是到塑像铺、娃娃铺请专业的师傅（泥塑艺人）将小娃娃的泥土和在新泥里，大致照以前的样子新塑一个大些的，意在血脉传承。一年一度，娃娃铺自然不愁生意。

近水楼台先得月，清末年间天津的娃娃铺集中在娘娘宫附近，以宫南的袜子胡同（早年称娃子胡同）、宫北的毛贾伙巷、鼓楼东街一带为最多，其中，墨稼斋马家、凤鸣斋张家、纯古斋周家、笔耕斋刘家的塑像尤其知名。

最初，娃娃哥的高矮一般从三四寸开始，席地而坐的样子，胳臂微曲前伸，掌心朝上。随着娃娃长岁加大，及至有了下一代，娃娃大哥的辈分也在长，长辈的老娃娃常常身着蓝色长袍，黑色马褂，黑鞋白袜，头戴小帽，先前的黑胡子也变成了白胡子。当然，娃娃的体量也在逐渐加大，最高可达1尺有余。

七、娃娃形神兼备招人爱

　　相声反映民俗趣生活。老天津拴娃娃的人多，相形之下捏泥娃娃的、为娃娃加大的娃娃铺也不少，关于买卖情状与娃娃造型，相声名家张寿臣在单口相声《娃娃哥哥》中说得绘声绘色，大意如下：

　　洗娃娃的地方，在鼓楼北路东，还有袜子胡同路南，一家挨着一家泥人铺。瞧铺子里头、窗台上摆的，多大（尺寸）的都有。有位太太进了店门，掌柜的一问，太太说（娃娃）长三岁。其实，长三岁就是洗（重新塑）的时候长（加大）三寸。一岁长一寸，一寸有一寸的钱。掌柜的问，（新娃娃）穿什么衣裳啊？拿什么玩意儿哄着兄弟呀？太太说，红袄绿裤，开裆裤，老虎鞋，梳个小坠根儿（津地俗称小尾巴，从胎头发时一直在后脑海留），拿支糖堆儿。

　　天津"泥人张"彩塑是民间艺术的一朵奇葩，那娃娃彩塑艺术与"泥人张"有关联吗？同行手艺相融相促，民间娃娃大哥彩塑在艺术风格上与泥人张也多有共通之处。老艺人常说，有形无神是呆傻，有神无形是胡来。娃娃大哥虽是静止的形象，假如是呆傻状，显然不符合吉祥心理诉求，所以娃娃的塑造与泥人张彩塑一样，都很注重活灵活现之气。老艺人手里的泥娃娃总是神情毕现、栩栩如生，观之如闻其声，如见其面，如晤真人，符合

留着分头发型的娃娃大哥

"化生"与奉若真人的民俗心理。

再有,特别是"低年龄段"的娃娃大哥讲究憨态喜乐,脸上有趣、有戏,这表情契合天津人、天津事"倍儿哏"的民风民情。"大胖小子真哏真爱人",此话或许最能说明问题。

另外,泥人张彩塑讲究用色,而娃娃大哥也有"三分塑七分彩"的说法。特别是五官勾画与色彩描绘,即民间俗称的"开脸儿",莫不如此。娃娃的面容塑造也吸收了戏曲脸谱开脸中的一些形式方法,额头、鼻部、下颏等处要红里透白(俗称三白)。画笔蘸颜色时要注意笔端色彩的细腻变化,依形晕染,深浅一笔一气呵成,形成自然、柔润、丰富的效果,光彩照人。点活眉眼后的娃娃大哥,可谓一如真人,胜似真人。

拴娃娃堪称老天津人生育观中希冀美好和谐的愿望使然,人们也看中娘娘宫一带的灵气,甚至争相到那一带的医院生孩子。

八、求子生娃祈福一条龙

娘娘宫南不远有水阁大街，正对城东门，此路一直是城厢官署、居民到海河取水的必由之路。早在清乾隆二十八年（1763年），这条街的中段就建起了一座过街楼阁，其上供奉观音菩萨，名观音阁。人们过来过往取水，该阁逐渐又被俗称为"水阁"，街缘此得名。观音送子，家喻户晓，后来的长芦育婴堂于此创建的个中缘由也就不言而喻了。

水阁医院创建于光绪二十八年（1902年），是我国最早的公立妇产科专科医院，初名天津北洋女医院，被誉为"全国女医院之冠"。娘娘宫与医院咫尺之遥，加之风习相传，很多天津孕妇慕名前往水阁医院生小孩，赶上生育高峰甚至不得不加设临时病床。据院方不完全统计，百余年间大致有10万名婴儿在该院降生。求子、生娃、还愿、医疗、祈吉，一座庙宇，一家医院，无形中形成"一条龙"之便。

一家数口、老少几代皆出生在水阁的大有人在，有的老医生还同为父一辈子一辈的接生者。2004年中期海河改造，医院搬迁，原以为离开宫南、这条街后医院会冷清，但"水阁摇篮"的号召力丝毫未减。据说，在搬迁的那些天，医院曾动员孕妇们到其他医院去就诊，可怎么也说服不了那些即将当奶奶、当姥姥的长辈，

娃娃大哥也要穿"百家衣"

盛情难却之下的院方还是额外并圆满地接生了数名婴儿。

就拴娃娃的民俗民风，笔者曾与天津总医院的一位知名妇产科专家探讨过。她学识渊博，认为心理紧张是不孕不育的重要原因之一，有的民俗活动对舒缓压力放松心情不无益处。

拴娃娃不仅局限于天津，比如泰山碧霞元君祠的供案上也常摆满泥娃娃，或坐或爬，嬉笑玩耍，栩栩如生。传说，有一度还流行过染成金色的泥娃娃，有性别之分。后来，泥娃娃都统一为男娃样了，娃娃的"小鸡儿"也凸显起来。旧俗，来拴娃娃的妇人先用红绳套在泥娃娃的脖子上，然后把泥娃娃的"小鸡儿"掐下来带回家，俗信这样就是把娃娃带回去了。来日一旦有孕，要去庙里还愿祈福。另外，在泰山脚下有王母池，妇人们也习惯到王母娘娘前拴娃娃。给泥娃娃起乳名、拴红线、回家供奉等情形，与天津风俗大致相同。

娘娘宫求子，水阁生孩儿

芸芸众生无不看重人杰地灵的水土，海河水，天后宫，观音阁，天津老城东门外便是这样一方宝地。始建于清光绪二十八年（1902年）的水阁医院是响当当的中国"头号"妇产专科，原址就在天后宫宫南街口，西邻文庙，东滨海河，面朝水阁大街，此地的灵性在整个天津卫恐怕打着灯笼也难找。

妈祖（天后）民俗信仰在天津人的心目中根深蒂固。在老天津，才过了门的新媳妇常常马不停蹄地就来到天后老娘娘面前"拴娃娃"，祈愿早得贵子，传宗接代。婆媳二人三叩九拜过后搂着红布包里的"娃娃大哥"，心里默念着"好孩子跟妈妈回家"之类的吉祥话，高高兴兴地回家转。人们途经的第一站往往便是水阁大街和水阁医院。重传统的天津人不断将天后俗信向生活的不同层面延展，觉得天后娘娘身边的哪怕是一草一木也是有灵性的，比如历史上小金鱼的热销；比如"年年在此"的宫前年货。当然，近在咫尺的一条街、一座医院也顺理成章地被无数善男信女视为上风上水之地了。

其实，宫南的水阁大街本非俗处。比天津城还年长的老街正对城东门，一直是城厢官署、居民到海河取水的必由之路。早在清乾隆二十八年（1763年）的时候，这条街的中段建起了一座过街楼阁，供奉观音菩萨，名叫观音阁。观音主水，来来往往的人们深得菩萨护佑，此阁逐渐被俗称为"水阁"，也就有了"水阁大街"的命名。观音送子，家喻户晓，长芦育婴堂创建于此地的个中缘由不言自明。后来，北洋女医院（水阁医院前身）也落户这里，尽享四面福风。

早年尚无高大楼宇，育婴堂、水阁医院的这片房舍在东门外海河边异常醒目，从天后宫出来路过于此的老妈妈、小媳妇抬眼即可望见。当妈妈的心思重，看见了水阁医院自然想到了日后孩子降生的事宜。产子育儿当然还是回到天后娘娘身边最吉利，孩子有天后老娘娘的垂佑，再加上观音菩萨的呵护与海河水的滋润，小生命从根上就机灵、就富贵。有时，她们嘴上不说，可心里也是这么寻思的。朴素的民俗心态与愿望使然为新生命赋予了最幸福美好的境界。如此这般，天后娘娘眼皮底下的水阁医院便成了老辈人、孕妇们如意的选择，谁不愿意让自家的孩子诞生在这块福地呢？大吉大利，民心所向。

产房传喜讯，天后娘娘赐子，一家老小皆大欢喜，新生儿的奶奶、姥姥又急忙转身到天后宫还愿"谢奶奶"。另外，在老天津的生育习俗中，人们常常在产妇所在的房门上挂一小块红布条，同时在新生儿的枕头下面再压一块红布，意思是镇惊驱晦求吉利。因为在天后宫抱过"娃娃大哥"，所以在水阁医院的新生儿也就排行老二了，那块裹过"大哥"的红布会接着压在小二的枕头下面，让小弟小妹秉承"大哥"的灵气。有位水阁医院的老大夫介绍说，一直以来她在病房见到过不少类似的生活细节，获知那块红布大多来自天后宫。

就"拴娃娃"的民俗事例，笔者曾专门求教过一位妇产科专家。她是博士生导师，学识渊博，认为心理紧张是造成不孕不育的重要原因之一，从这个层面上说，有的民俗活动行为对舒缓压力、放松心情不无益处。或许是缘于这个道理吧，一些在水阁医院就诊后的患者也择近到天后宫游览，默默地许下心愿。

风习相传，很多天津孕妇慕名前往水阁医院生小孩，赶上生育高峰甚至不得不加设临时病床。据院方不完全统计，百余年间大致有10万名婴儿在水阁医院降生，特别是新世纪以来，每年都有3000左右的新生命诞生在这里。到"水阁"生孩子似乎已成为天津人的一种情缘，一家数口、老少四代都是在水阁医院出生的大有人在，有的老大夫还同是父一辈子一辈的接生者，而这些也成为"水阁人"茶余饭后的一种谈资，一种自豪。有不少"水阁娃娃"后来成为名人，其中的故事想必动听。

多少年来，互为邻里的天后宫与水阁医院也亲如一家，和谐往来不断。那里的不少医生同样敬仰妈祖娘娘，每逢吉日年节，在宫中经常会看到她们的身影。

2004年中期海河改造，医院搬迁，原以为离开天后娘娘的水阁医院会冷清下来，但"水阁摇篮"的品牌号召力丝毫未减，老天津人的情愫经年未改。据说，在搬家的那几天，医院曾动员孕妇们到其他医院去就诊，可怎么也说服不了那些即将当奶奶、爷爷的老辈，盛情难却之下的院方还是额外并圆满地接生了数名婴儿。

天津人质朴的民俗情感就这样将一座庙宇、一条老街、一所医院紧密地联结起来，也多少赋予了彼此之间犹如神话般的色彩。或许没有任何一个生命初始的地域与品牌能让天津人如此充满了亲切的记忆。

九、娃弟娃妹莫登山

天津娘娘宫中有碧霞元君圣像，山东泰山上的这一信俗更盛，旧年拴娃娃的人络绎不绝。碧霞元君神话故事与相关民俗肇始于宋代，兴起于元明之际，至明代嘉靖、万历年间达到高潮，其"知名度"已超过泰山的"主导"东岳大帝。

《易经》中的"泰"字有"天地交而万物生"的意思，神话云，东岳大帝的女儿碧霞元君在泰山广布恩露，后来人参照"泰"的内涵，逐渐将泰卦视为妇女生子之卦，将碧霞元君随之附会为滋生万物、主管生育、保护妇女儿童健康的送子娘娘，俗称泰山娘娘、泰山奶奶。据明万历二十一年（1593年）王锡爵撰《东岳碧霞宫碑》载："元君能为众生造福如其愿，贫者愿富，疾者愿安，耕者愿岁，贾者愿息，祈生者愿年，未子者愿嗣，子为亲愿，弟为兄愿……"

泰山上下有很多碧霞元君庙宇，其中以山顶之碧霞祠最为著名。碧霞祠兴建于北宋大中祥符二年（1009年），最初称昭真祠。碧霞祠宏伟壮丽，元君像一旁有送生娘娘陪坐，她手抱婴儿，相貌慈祥。与送生娘娘相随的男仆是送生哥哥，他肩背一条布褡子，内中装满泥娃娃，神话说他听娘娘令，负责为百姓人家送去小孩子。择吉日、准备、拜祈、还愿送匾，到泰山求子的程序比天津

白云观内的树上拴着"求子求福"红布条

繁复一些。隔一段时间，若发现求子不成，可再来拴一两次，但当地有"求子不过三"的说法。泰山方圆几百里还有一俗，即拴娃娃后降生的（相当于求来的）弟弟、妹妹最好不再登泰山。否则呢？传说可能会被送生娘娘收回去。当然这只是民间趣说罢了。

近年，泰山求子还出现了"压枝"和"拴枝"新民俗。所谓压枝就是用小石头压在树枝上，寓意压（押）中子嗣了；拴枝就是用红布条系在树枝上，谐音"拴子"。此俗还出现在孔子的出生地尼山，人们拜山、压枝、求子、祈福兼顾。

惠民县皂户李乡的泥娃娃庙会已有三百多年的历史，逢农历二月二龙抬头之日庙会最为热闹，人们竞相选购泥娃娃，也俗称拴娃娃，祈福人丁兴旺。在胶东，有人常到土地庙去拴娃娃，一些娃娃是纸扎的。聊城一带的娘娘庙、观音庙里的拴娃娃习俗与天津、与泰山大同小异。滕州、临清、邹城、齐河等地也有类似的旧俗情。

十、曹锟得子重修奶奶庙

　　轩辕黄帝乃中华始祖，河南扶沟县大李庄乡旧称轩辕乡，此地曾有多座轩辕庙。庙中的奶奶殿里有送子奶奶，塑像背后是"娃娃山"造型，人们竞相前来拴娃娃。南阳的桐柏山盛传盘古神话，盘古庙会中的拴娃娃也是重要的民俗活动。娘娘殿位于盘古殿旁，妇人在此拴娃娃，如想得到男孩，殿内主持者就把红线系成疙瘩；如果想要女孩，就把红线系成环。在新乡小冀镇梁村，那里也有可供拴娃娃奶奶庙。按当地风俗，谁家媳妇未生育，她的婆婆要在正月十五那天到庙里拴娃娃，回家后要把泥娃娃放在儿媳妇床上，并示意儿媳要与泥娃娃亲热亲热，待若亲生。

　　麒麟送子，娘娘赐儿。河北张家口西部的群山中有一座赐儿山，当地传说麒麟曾降临此山，并留下脚印，名叫麟趾洞，许多人到此祈子求孙，如愿以偿。山间还有座奶奶庙，俗称赐儿庙。该庙约始建于元代末年，庙内有碧霞元君、眼光娘娘、子孙娘娘、乳母娘娘等，各有司职，故事传说脍炙人口，特别是每年四月初八（浴佛节）的传统庙会期间前来拴娃娃的人络绎不绝。

　　再说眺山，它位于河北满城，眺山庙会热闹非凡，究其原因，传说与近代北洋直系军阀首领、民国大总统曹锟有关系。眺山下有蚕姑庙、泰山行宫、文昌宫等，百姓俗称蚕姑庙为奶奶庙，俗

木版年画《蚕姑宫》可见古有“女化蚕”神话

信蚕姑奶奶可送子降福，所以前来祈子拴娃娃。学者史理广在保定文史资料中撰文讲述，1917年的曹锟任直隶督军兼省长，驻防保定。当时已57岁的他尚无子，一日偕夫人到眺山奶奶庙焚香求子，喜得"即将双喜临门"的信息。第二年春天，曹锟率军一路奏凯，很快攻下了岳阳城。好事连连，他的儿子曹士岳也随之顺利降生，他又升任川粤湘赣四省经略使。春风得意的曹锟感念神明赐子之恩，于是择机重修了眺山奶奶庙。

上海广益书局1923年版、胡朴安编《中华全国风俗志》中有《吉林奇俗谈》一文，文载："吉地白山四月二十四日开庙会，求嗣者诣观音阁，于莲花座下窃取纸糊童子一，归家后置褥底，俗谓梦能可操胜券。"这种偷纸娃娃与拴泥娃娃的寓意、期盼是一致的。

十一、石打的狮狮搁炕头

陕西一些乡村素有"送娃娃"旧习俗。比如娘家人见自家女儿婚后多时没有怀孕，便去附近的娘娘庙里"偷"个小泥娃娃，然后选在正月十五那天派人给女儿送去。到了女儿家，要将娃娃悄悄放在她的炕头或桌上，然后送者转身就走，一般不许和人家说话。

当然，最具特色的要数流行于三秦大地的"拴娃石"之风。在黄土高原的许多窑洞里，炕头上常可见活泼可爱的拟人化的小石狮，俗称"拴娃石"或"坠娃石"，是保佑孩子的吉祥物、守护神。绥德、米脂一带的民谣云："财东房上有兽头，罗门石狮大张口，官家挂匾栽旗杆，百姓狮狮搁炕头。"

笔者在祖乡陕西有亲戚名字就叫"拴稳"，这也应了当地民风中"狮娃狮娃，拴住我娃，四季平安，快快长大"一说，是乡民直白质朴的诉求与美好心愿的表达，人们期盼家里的小石狮娃与上苍把娃儿锁牢，拴住，盼子孙长命百岁，家族兴旺。

直到今天，陕北绥德一带不少百姓家炕头上仍可见经年传承的拟人化的小石狮子，堪称当地民间俗信一种特殊文化符号。绥德炕头石狮子作为非物质文化遗产，其源于庄户人家世代相传的"保锁孩子"习俗。石狮造型大致分两类，一是体量稍大的，造型既古怪又乖巧，神态生动，有的像顽皮的娃儿，有的像端庄的老

陕西绥德的压炕石狮

汉，也有的像拟人化的猫猫狗狗。二是小巧玲珑的，一般是用石片打制的，模样不失稚趣。

早在明清时期，四川一些百姓求子保平安的"童子会"就已兴起，如同治年间每逢农历三月初三（传说为送子娘娘诞辰日）成都一些市民要到东岳庙、娘娘庙求祈一尊木刻的童子像，俗称"抢童子"，然后将它送给盼子心切的亲友。

在云南彝族百姓的传统求子习俗中，除了有民族特色的仪式外，还要采来九座山上的茅草扎成一对草人，或用九座山的泥土捏成两个泥人，还要给它们穿上五彩衣，象征一对男女。晚间，夫妻二人抱着草人或泥人面对面睡觉，最后，小夫妻需背着草人或泥人走到村外的十字路口放下，并举行一番仪式，隆重期待新生命的孕育与到来。

十二、多彩的吉娃化生的狮

　　山东惠民县有个火把李村，村落不大，但在农历二月初二"龙抬头"这天拴娃娃的民风由来已久，娃娃会（庙会）吸引着方圆百八十里的乡亲来赶热闹。火把李村特产泥娃娃，外观简洁夸张，体态浑圆，笑容可掬，与老玩具不倒翁有异曲同工之妙。泥娃娃色彩艳丽，用色大胆粗狂，大笔红色、黄色、绿色中还穿插着富于变化的线条，再以蓝、绿、桃红等加以点缀，进而形成好似花团锦簇的图案，十分抢眼。这里的娃娃品种很多，比如花木兰、穆桂英、孙悟空等就备受欢迎。男女老少逛庙会，纷纷解囊购买泥娃娃，都想在好日子抱个娃娃回家，期盼儿孙新年大吉。

　　豫西的白底泥娃娃久负盛名，洛阳、宜阳、偃师、登封农村是传统泥玩具的主产区，泥娃娃也特别成为一些庙宇中求子祈福的民俗物品。豫西泥娃娃常以模具翻制，娃娃脸眉清目秀，身上的颜色大红大绿，在白底色的衬托下显得漂亮醒目，这也符合求子妇女希望得到白胖漂亮儿女的心愿。

　　老话说，陕北出石匠，南方出宰相。绥德、子洲一带是石匠集中的地方，长期的生产生活实践造就了成千上万的能工巧手，在他们心目中，打制炕头石狮并非什么艺术创作，而是对上苍的崇拜与敬畏。按陕北风俗，制石狮开工要选吉日良辰，最好是在

226

晚间安静的时候凿下第一锤，接下来的精雕细刻讲究打足百日为宜。且说一身黄土的老工匠们没几个见过真狮，但正是如此给了他们最充满想象力的创作空间。匠人大都因石取势，不拘定法，俗称"十斤狮子九斤头，两只眼睛一张口"，他们巧妙抓住狮子鬣毛凸眼、阔口獠牙、头颅硕大、前躯坚实的特点，鬼斧神工，为一块块冰冷的石头赋予了灵性。

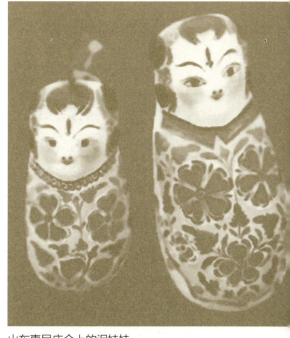

山东惠民庙会上的泥娃娃

　　石狮子在打制百天后即将完工的前一晚，要看星辰观天象，待天人合一，当凿下点睛之笔（也有用朱砂点眼的），小狮子才算"出世"。看那石狮栩栩如生，形态各异，有立体的，有一狮两面、三面的，皆具神韵。有的小石狮似狮非狮，有点印象派的感觉，或像顽皮小狗，或像憨态孩童，或古韵横生，或活泼天真。又有写实的小石狮，形神兼备，惟妙惟肖，或犷悍张扬，或慈眉善目。泥娃娃、小狮子样子多，是容易让人挑花眼的。

十三、黑娃娃白小子跟妈吃饺子

传统相声《拴娃娃》素来脍炙人口，其内容大致是演员甲叙述演员乙的母亲为了求子，带着仆人到北京妙峰山寺庙中去拴娃娃的故事。乙家是殷实富户，衣食无忧，乙娘享尽清福，但唯一的心病就是婚后多年没有子嗣。不孝有三，无后为大啊，在封建礼教的强大压力下，乙娘的心里不免有些失衡，甚至不准身边任何人提及生小孩的事。一次，乙爹又老话重提，夫妻一番唇枪舌剑过后，乙娘似乎也觉得理屈词穷了。无奈之下，她想出了高招——不去求医问药，而是带着仆人，乘着小轿，上山进庙烧香拴娃娃，期盼娃娃大哥能为她家带来好运……

早在20世纪30年代初，相声"八德"中的焦德海、刘德智就演出过《拴娃娃》，到了1934年前后，百代唱片公司专门将二人合说的《拴娃娃》灌录成78转粗纹唱片，当时的编号为34315。

1958年版《张寿臣单口相声选》中有《娃娃哥哥》的文本。这段子从新中国成立前天津人见面常称呼"二爷"的风俗谈起，说"二爷"在老年间是敬辞，不像有些外地，"二爷"的称呼是贬义的。在天津，大爷是谁？娃娃大哥。接下来，张寿臣在相声里详细描述了一妇人新婚后到庙里求子拴娃娃、回家侍奉、"洗澡"加大，乃至回宫还愿等细节，让人读罢、听罢大呼过瘾。

228

妙峰山庙会很热闹

比如说娃娃大哥过大年时便很幽默："弄一盘子饺子往炕上那么一搁，把这娃娃拿出来呀，往饺子旁边那么一放，筷子、醋、蒜都搁好了，这位太太拿着马勺，磕着门槛儿，一边磕着一边念歌儿：'黑娃娃，白小子，上炕跟着妈妈吃饺子！'念完啦，把马勺一放，站旁边儿：'吃吧，多吃点儿。'出来把门关上，到别的屋串门儿去啦。这儿待会儿，那儿待会儿，可自己屋啊且不回来呢。顶到后半夜才回来，进门儿一瞧，这盘饺子没啦，这位太太还乐呢！'嘿，这个娃娃饭量真大，全吃啦！'它全都吃啦？你把它砸碎了瞧肚子里有没有？全让耗子抢了去啦！她愣说让娃娃吃啦！"

相声大师马三立也不断将《拴娃娃》推向崭新高度。经马三立改编的《拴娃娃》更加精到，相声中专注拴娃娃的过程，有别于其他版本在前面铺垫许多才进入主题的旧模式。

十四、娃娃还能趴在桌子下

　　相声大师马三立、赵佩茹合说的《拴娃娃》表述细、笑点多，是脍炙人口的名段。其中说演员乙的妈妈在当年带着仆人一路辗转来到了妙峰山，她们在娘娘庙烧香，见到娘娘像前有不少泥娃娃：

　　马：你妈爱哪个娃娃，哪个就是你。

　　赵：对。

　　马：高娃娃、矮娃娃、胖娃娃、瘦娃娃，全不爱，一瞧你在桌底下趴着呢。

　　赵：我到桌底下去了。

　　马：你妈爱你，说："这孩子不错，这是我的儿，是我的孩儿！唉，我喜欢这个娃娃。"

　　赵：唔。

　　马：把你抱起来了，赶紧交给丫鬟，丫鬟拿块红布，把你赶紧包起来。老和尚说："母子有缘，长命百岁。"

　　后来，《拴娃娃》成为马派相声的代表作，马志明、黄族民继承并进一步发展了这一优秀段子。马志明在表演中成功使用了

"楼上楼"的包袱，令人捧腹不止，总能博得阵阵喝彩。

长期以来，大家爱听、爱说《拴娃娃》，比如刘德智、郭启儒；王世臣、赵世忠；常宝华、赵世忠；常宝华、石富宽；尹笑声、冯宝华；魏龙豪、吴兆南；魏文亮、孟祥光；刘晰宇、谢天顺；佟有为、马树春；侯长喜、王世勇；郭德纲、于谦；郭德纲、张文顺；岳云鹏、史爱东等许多演员都曾将《拴娃娃》奉献给广大相声迷。刘德智、郭启儒合说的《拴娃娃》，逗也快，捧也快，有点像绕口令。常宝华、石富宽合说的《拴娃娃》比较"现代"，其中还加入了流行歌曲等元素，更能吸引青年观众。魏龙豪、吴兆南将相声在宝岛发扬光大，他们合说的《拴娃娃》秉承传统，中规中矩的表演中不失活泼风格。

郭德纲、于谦二人刚刚合作之际就上演过改编版《拴娃娃》，其中融合了许多新鲜元素与时代气息，一直为人津津乐道。他们的表演现场感强，开场铺垫也富于变化。在一个版本的表演中，当说到演员乙的母亲暂未生养之时，乙娘对乙爹说，如果想要儿女，那么当男人的就得积德行善。接下来，这对夫妇都去了哪呢？

陶制娃娃大哥相对少见

十五、高矮胖俊黑白都不拴

　　相声名家郭德纲、于谦在《拴娃娃》中说一对夫妇要拴娃娃求子，他们积德行善，他们遍访名山。演员甲说演员乙的爹去了四大名山拜佛求子，要拴娃娃。接下来，继续表述乙的娘也曾去过峨眉山、五台山、太行山，甚至连花果山都去了……最后到了京西妙峰山。在妙峰山，乙娘拜过送子娘娘后开始拴娃娃：

　　郭：娃娃可多着呢，都是那泥胎，泥胎偶像。
　　于：是。
　　郭：高娃娃、矮娃娃、胖娃娃、丑娃娃、俊娃娃、黑娃娃、白娃娃，都不拴！
　　于：干吗呀？
　　郭：专门找你。
　　于：找我？
　　郭：一掀那供桌的桌帘，看见你了……

　　相声《拴娃娃》也称《高山求子》或《爬坡》，近年，何云伟、李菁也合说过这个段子，并还原了《高山求子》之名。另外，民间流传的某一演出版《拴娃娃》的结构不乏一些改动，其中，将乙的妈妈改换为奶奶，那奶奶同样是去妙峰山烧香拴娃娃：

甲："奴家某门某氏在下，您要是看我们心诚，就赏给我们一儿半女，到时候我们为您重修庙宇，再塑金身。"祈祷完，又磕了三个头，从怀里掏出一根红绳来。

乙：这是做什么？

甲：拴娃娃啊。

乙：哦。

甲：老娘娘怀里抱着一个，这个不能拴。

乙：为什么呢？

甲：这个是真龙天子。房梁上的也不能拴。

乙：这又为什么？

甲：心太高，不好养活。找来找去，终于是在供桌底下看到了……

乙：我爸爸？

甲：嗯。不止，一共有四个娃娃。

乙：哪四个？

接下来，演员甲列举了三个英雄人物的名字，同时说："还有你爸爸。"乙捧哏道："嚯，我爸爸还跟三个英雄在一起。"

娃娃大哥不断长岁

有人说《拴娃娃》是近乎要贫嘴的段子，难登大雅之堂。其实，该作品的结构看似松散，实则外松内紧，递进式的情节表述脉络是比较清晰的。从传统道德观说起，引发拴娃娃的缘由；从述说民俗生活，到介绍民间礼仪的存在背景等，好似市井图画，引人入胜。

十六、《拴娃娃》晋京汇报演出

求子祈福拴娃娃曾广泛流传于北方，特别在华北、中原地区可谓家喻户晓。民间表演艺术贴近大众生活，许多地方戏都将这一风情纳入了表现范畴，创作演艺十分活跃，为人喜闻乐见。

清末民初，丝弦道发端于河南平舆，它以丝弦伴奏，坐唱为主，并在日后的发展过程中与其他民间曲种互有借鉴与渗透，充分融合了当地小调、方言俚语等元素，唱起来像拉家常一样，朗朗上口，别具风格。丝弦道的作品有150余出，其中的《拴娃娃》《王大娘探病》等尤其著名，富有浓郁的生活气息，曾风靡安徽、山东、湖北、江西、河北等地。

梨花大鼓（山东大鼓）早在清末就因刘鹗的《老残游记》而名闻天下。20世纪30年代，鹿巧玲成为梨花大鼓女艺人中的佼佼者，她在演唱《拴娃娃》《王二姐思夫》等名段时讲究声腔，或愁闷委婉，或喜悦高亢，把一个盼子心切的妇人形象表现得淋漓尽致。鹿巧玲还先后到北京、天津、上海、南京、西安、郑州及东北三省演出。

吕剧是由山东琴书发展演变而来，最初的戏班子以走乡串村的营生为主，演出于田间地头，约在清末民初的时候走上了舞台。《拴娃娃》一直是吕剧的传统剧目，流行于山东、江苏、安徽等地。

《拴娃娃》也是山东梆子的保留节目。剧中的于二姐结婚五年，刘庆图年过半百，二人皆为膝下无子的苦命人。二人在娘娘庙拴娃娃的过程中巧遇，两人还恰巧看中了同一个娃娃，都要拴回自己家。一场争执发生了，虽经旁人一再调解，仍不欢而散……剧中不乏诙谐幽默之趣，颇受观众欢迎。新中国成立后，《拴娃娃》

宝文堂1950年版王尊三作《新拴娃娃》封面

等一批剧目获以整理改编，旧貌换新颜，各剧团演出大获好评，并曾参加晋京汇报演出。1957年，杨汉卿整理的《拴娃娃》单行本由山东人民出版社出版，后来还收入《中国地方戏曲集成·山东省卷》。

地方戏二夹弦流行于山东西部、河南东北部、江苏北部，安徽北部等地。20世纪50年代，二夹弦表演艺术家黄云芝等人在演出中大胆创新，为观众带来新气息。1959年，毛泽东主席在济南观看了二夹弦的代表剧目，同一年，《拴娃娃》《三拉房》等剧目晋京演出。

十七、刘二姐摩登打扮去求子

民歌具有强烈的民俗文化本源性。一曲《拴娃娃》在河南流传很广，据1933年版《续安阳县志》载，歌中唱述了一个大姐出嫁后去求子，她"手拿金缕线，走到娃娃殿，进去娃娃殿，先拴娃娃头。孩儿啊孩儿随娘走，咱住东庄大西头。高门台，起门楼，门东边狼牙村，门西边流水沟……你娘住的三间堂楼上，鸳鸯席子鸳鸯炕，你爹枕的兔儿龙吃草，你娘枕的狮子滚绣球。烧饼麻糖尽孩儿吃，羊肉包子顺嘴流。铃儿八仙帽，还有大虎头"。

众所周知，天津是我国著名的曲艺之乡，有多种曲艺形式在这座城市形成和发展。比如，天津时调、天津快板为津门特有，京韵大鼓、京东大鼓、铁片大鼓、快板书等是在这里形成的，相声、评书、单弦、梅花大鼓、西河大鼓也在津逐步兴盛。源于民间、贴近生活的艺术才能脍炙人口，拴娃娃民俗在老天津蔚然成风，说唱艺术又怎能错过这热门题材呢？

刘二姐拴娃娃的故事在天津广为流传，故事说，已婚未孕的刘二姐长得俊俏时髦，一天，她梳妆打扮后到娘娘宫去拴娃娃，一路上，花枝招展的刘二姐惹人注目，引得路人竞相观瞧，以至于行商贩夫们洋相尽出。刘二姐在娘娘宫前看罢花会演出，再到庙里诚心叩拜，并拴了一个娃娃大哥高兴还家……故事中植入了

238

天津的真实元素，详细介绍了风土人情、市井风貌、民生百态等，故事读来既生动又有趣，素来为人喜闻乐见。

　　天津时调《刘二姐拴娃娃》据此故事改编而成，又称《刘二姐逛庙》，具有一定代表性。先说那刘二姐的相貌，时调中唱："这个刘二姐，出阁五六年，没生过一个女，没养活一个男。娘娘宫的庙会，三月初三。这个刘二姐，一心要把娃娃来拴。未曾拴娃娃，梳洗巧打扮，打扮起来赛过天仙。梳了个八字头，真好看。柳叶儿眉，杏核儿眼，通关鼻梁，樱桃小口，金牙在里安。夹裤夹袄身上来穿，丝线的洋袜子是一尺零三，'老美华'的礼服呢皮底尖口鞋，真正好看……"

　　接下来的一路上，刘二姐"往前走，往前踮"，唱词中还特别提到她在老字号范永和绒线店买了五彩线，准备拴娃娃用。刘二姐走在街上，引起了一阵阵骚动，真好似"煎饼馃子翻车——乱了套"。

少妇抱娃娃图与学古堂唱本封面如出一辙

十八、妈妈给儿买个"四轮电"

在娃娃大爷龛位中写着娃娃名字"快来"

刘二姐梳妆一新去拴娃娃，走在街面上，她那婀娜的身影让许多街边的摊贩"目瞪口呆"。天津时调里唱刘二姐"来在元宵摊儿前，卖元宵的掌柜也把二姐看，看来看去花了他的眼，一簸箕煤球愣往锅里填……"当二姐走进娘娘宫，见宫内有不少买卖家，民俗日用品、儿童玩具，乃至首饰楼、

照相馆、眼药庄一应俱全，这热闹劲儿也让她大开眼界。

时调所唱转入正题。刘二姐"前行来到大殿里边，点着一炷香，扦在炉里边，跪在溜平地，嘴里乱叨念：我姓刘，叫二姐，出了阁，五六年，没生一个女，没养一个男。是男那个是女，赏我一个，等到明年，塑画金身把愿还。我家住河北大寺前。磕罢头，平身站，伸手掏出来五彩线，走到娃娃山，来把娃娃拴。有几个娃娃打花鼓，有几个娃娃弹丝弦。这些个娃娃全不爱，拉胡琴的娃娃跟我有缘。跟着妈妈走，跟着妈妈踮，跟着妈妈回家园……儿要习文，把书念；儿要习武，请上一位武状元；不习武，给儿买来一个'四轮电'，到马路上去绕圈……"这里所唱的"四轮电"即清末民初尚属新奇的小轿车。

天津时调《刘二姐拴娃娃》早在民国初年就流行于天津鸟市、鼓楼、南市一带，并逐渐传唱至城市周边的乡村。

再听京韵大鼓开篇唱："刘二姐在家闷坐阁楼，手托着香腮一阵忧愁，思想起来过门多年，小夫妻和和美美度春秋。常言说：草打籽儿，人留后，到老没儿百事忧。听人说送子娘娘有灵验，何不去娘娘宫内把头磕……"天津时调也好，京韵大鼓、单弦也罢，所唱所演的《刘二姐拴娃娃》基本上脱胎于天津民间同名故事，仅在具体唱词上有些许变化。比如唱到刘二姐来到送子娘娘塑像前，看到了不少娃娃大哥摆在那，所见所思是这样的："有一帮小孩儿推牌九，有一帮小孩儿翻跟头，歪毛淘气儿，又白又胖，个个儿都让二姐爱不够。先叫儿呀，又叫肉儿，你自管跟我往家走，吃喝穿戴全紧着你，甭管咱家底厚不厚。儿呀儿，肉哇肉儿，你半夜三更来把胎投。"

从另一层面解读，时调、大鼓中描述的刘二姐的生活情状正是20世纪二三十年代天津卫的时尚潮流，比如烫发、修眉、涂口红、穿丝线洋袜等。

十九、宝贝疙瘩跟妈快回家

　　约形成于民国初年的滑稽大鼓是京韵大鼓的一个支脉，又俗称木板大鼓书，曲目内容注重幽默感，观众欢喜。《刘二姐拴娃娃》是滑稽大鼓的重要曲目，早年系名票出身的张云舫将京韵大鼓变革为改良大鼓并编写了新曲词。经过加工整理的《刘二姐拴娃娃》发花辙（曲艺韵文押韵方式之一），乃至成为名段。大鼓词叙述刘二姐在庙里拴娃娃，没想到遇上了地痞调戏，刘二姐与歹人对骂厮打，引出一场风波。

　　京韵大鼓先说刘二姐漂亮入时，"刘二姐被公婆疼丈夫爱，天地全都不怕，她自由成性，是个开放的专家。讲究摩登，西洋的药水洗的黄头发，曲曲弯弯用那火剪夹（火剪是旧时的美发工具，烧温热，夹卷头发）。效法西欧蓝眼珠儿大，细长的柳叶儿眉，使那镊子拔。高耸耸的鼻梁儿大头儿朝下，樱桃小口内衬着白玉牙。天生的有人缘，不笑不说话，双腮一笑两个酒洼儿。桃花面用香粉撒，红嘴唇儿是胭脂擦"。

　　当洋派的二姐来到娘娘宫，见到了啥样的娃娃？又选了哪个？大鼓里唱："见几个黑娃娃是锛儿头脑袋大，见几个白娃娃是小手儿打着呱呱，见几个大娃娃是抡着胳臂打群架，见几个小娃娃是咧着嘴喝杏仁茶，见几个娃娃把跟头打，见几个娃娃在那蝎子爬。

242

人们来还愿时为老娘娘糊了"金辇"

这些个娃娃全不在话下，就爱我那胖娃娃，吱扭扭，吱扭扭，他会把胡琴儿拉……"这时，刘二姐掏出红绒线拴上了娃娃，心中又默念："儿子我的宝贝肉疙瘩，放下你的胡琴儿听着妈妈说好话，跟着妈妈快走，跟着妈妈快回家……"

滑稽大鼓《刘二姐拴娃娃》的曲词更是生动活泼，充满民俗市井趣味，人物与娃娃大哥的描写既传神又夸张。20世纪20年代，富少舫、崔子明等以此曲在津一举成名，还曾往返京沪等地献艺，名声大噪。

接地气，贴民生，是民间说唱演艺叫座的首要原因，这在老天津俗曲民谣《拴娃娃》中也可见一斑，其中有言："大嫂来到娘娘宫，欲秉虔诚为求生……大胖娃娃可人疼，越看越爱叫连声。胖脖颈儿挂绒绳，你爹买卖大有名，拔尖的布铺敦庆隆，咱们娘俩不受穷。"这里的敦庆隆是位于估衣街的知名绸布庄。

二十、咱家有地六十六顷六亩六

　　曾见一册20世纪30年代的文明小曲唱本《刘二姐拴娃娃》，封面图为戏装刘二姐表演照，是北京宝文堂同记书铺印行的。细说起来，中国民间杂曲、俗曲历史悠久，可追溯到汉乐府时期。明清两朝民间文学快速发展，民俗生活中的小曲、歌谣、俚曲广泛出现，及至乾隆年间平定大小金川后，岔曲、太平歌（词）诞生，皆与俗曲不乏关联。戊戌维新、辛亥革命以来，小曲时调也被冠上"文明"二字。文明小曲在风格上追求通俗，曲调活泼，唱词鲜活，突出着生活的本真性情。

　　京城商人发现了赚钱的好机会，他们因势利导，大凡街头巷尾有人哼唱岔曲、小曲、小调、鼓词、小戏、莲花落、子弟书等，就不失时机地记录下来，然后快速统筹编辑成小唱本，在庙会街头售卖。宝文堂开业于清同治元年（1862年），位于崇文门外打磨厂东口内路南。

　　宝文堂版小曲中唱："刘家的小二姐，闷坐在绣楼，手托着香腮一阵好发愁。过了门六个月半年将算够，夫妻和美度春秋。常言道草为留根，人为留后，人老无儿阵阵忧。"话说四月里，二姐明着去逛庙拜拜娘娘殿，暗着想偷求个娃娃。她出门前开始打扮，"搬过凳子梳梳油头，黄杨木梳拿在手，打开青丝发乌油……倒不

244

如梳上维新的革命头，自由花头上扣，头上又钉五色绸，金丝小耳挖似露不露，丁香坠子一丢丢，粉面桃腮天生俊秀，两道柳眉弯似月钩，杏核眼相亲樱桃口，玉米银牙口内收，上身穿青洋绉改良去瘦，下配中衣蓝串绸，上海式的坤鞋又尖又瘦，紧紧绷绷正正周周，腰系汗巾，白洋绉又把粉红花来绣，上绣狮子滚绣球。"出门带钱啊，二姐装了铜圆六吊六百六。"她走起道来好似

老北京蟠桃宫内也拴娃娃

风摆柳，扭儿捏捏儿扭，扭扭捏捏，透着风流倒把人的魄魂勾。"

刘二姐高高兴兴拴回娃娃，一边端详一边对孩儿说起了悄悄话："你要抽洋烟卷，妈妈管你个够……咱家民地有六十六顷六亩六，还有小驴大蟒牛，谁都知道咱们家的银钱厚，银行当铺首饰楼。天短话长一时难说够，喜只喜我的儿三更半夜快把胎投，刘二姐拴娃娃当着面把脸露，愿只愿连生贵子辈辈封侯。"

二十一、刘二姐被改姓迁居

《刘二姐拴娃娃》的故事
在天津民间被口口相传，尤其
是经多种曲艺形式演唱，进而
流传各地。比如，"刘二姐"
也出现在老北京庙会上，出现
在难舍二人转的东北黑土地。

北京琴书（单琴大鼓、扬
琴大鼓）约形成于20世纪40
年代，流行于北京、天津、河
北等地。作为大鼓的曲种之
一，北京琴书的唱腔借鉴了京
韵大鼓圆转自然的风格，旋律
简洁，多板式节奏不同，具有
重活泼、多意趣的特点。它说
似唱，唱似说，唱腔中夹带说
白，总能博得阵阵掌声。

北京琴书《刘二姐拴娃
娃》较早先由翟青山表演，但

老天津民俗画《刘二姐逛庙》局部

更为出彩的要数琴书泰斗关学曾与琴师吴长宝演出的版本。关学曾在表演中巧借刘二姐的所见所闻，对老北京庙会的热闹景象做了精彩描述，比如"这边吆唤一声酱牛肉，那边吆唤一声馅饼多刷油"等。待二姐进了庙堂拴娃娃时，关学曾唱道："有一个娃娃拉四胡把乐曲奏，有一个娃娃打扬琴不敢抬头……"观众正看得入神呢，哪承想来了砸挂（演员之间彼此逗笑）的活儿——所唱的那个不敢抬头的娃娃不正是在一旁专心演奏的琴师吗？如此，引来观众笑声。

"刘二姐"还演到河南，且被改了姓氏，人称"于二姐"。

清末年，河南与安徽北部流行曲艺道情、莺歌柳、三弦书等，它们经融合发展衍生河南坠子。坠子在河南、安徽、山东、天津、北京等地民间广为传唱，一直保持着浓郁的乡土气息，其中的《于二姐拴娃娃》让观众百听不厌，唱词版本较多。

故事中于二姐的居所也"穿越"到了杭州："来了我于二姐俊俏娘，家园之事我细说端详。我居住在江南杭州府，离城也倒有八里地，庄村叫一个于家庄。二姐十九岁我就把门过……我过门刚有一年半，我面前也没生小二郎。"接下来，于二姐将家庭成员介绍了一番，同时也述说着自己尚无儿女的苦闷与压力。情急之下，她决定去庙堂祈福求子。

于二姐在庙里庙外游逛一番后进了娘娘堂，她往里一看，子孙奶奶端坐在中间，她向奶奶诉起衷肠："这东庄西庄你都去，为什么不上俺于家庄，闺女小子送一个，准备着翻盖庙宇送神妆，你要是能送个白胖小儿，也叫我于二姐壮壮光。"

二十二、卖茶汤人把开水浇手上

　　木板大鼓约形成于清代中叶，流布河北大部分地区，后来传入京津一带，经众多艺人改良演艺，逐渐形成了京韵大鼓的形式。在20世纪60年代的沧州，琴师刘凤鸣说唱的木板大鼓《刘二姐拴娃娃》《小姑贤》等比较出色，演出足迹曾遍及全国各地。

　　时下，东北二人转《刘二姐拴娃娃》的演出更是火爆异常。内行看门道，从理论上说，二人转传统剧目故事大多有源可考，在形成剧本过程中又借鉴吸纳了一些相通的民间演艺，同时加上即兴改编与发挥，特点突出。比如《刘二姐拴娃娃》《望儿楼》《夫妻争灯》等就是根据鼓词改编的，也可谓二人转"化他为我"的一个例证。

　　再表老天津的闲情娱乐生活。人们看演出、听时调、听大鼓，欣赏趣味越来越雅致，希望能有好看的图画来欣赏。如此，有的画庄便因势利导寻出了生意。

　　2001年冬，笔者在北京古物市场淘到一纸《刘二姐拴娃娃》彩色石印画片，也俗称《刘二姐逛庙》。画片长16.5厘米，宽12.5厘米，画中的刘二姐在娘娘宫拴得娃娃大哥后身背"孩儿"走出庙门，见宫前集市非常热闹……刘二姐烫着卷发，身穿粉红色花旗袍，脚蹬高跟鞋，风姿绰约，款款走出庙门时，竟吸引了众多

刘二姐穿着漂亮的花旗袍

商贩的目光。瞧，卖茶汤的小贩盯直眼走神了，壶中的开水已浇到他自己手上，流到桌上；瞅，卖烧饼的也紧着回头，哪承想篮子里的吃食被狗儿叼了去；看，遛鸟的一侧身竟顾不上鸟笼门开了，小鸟早已飞出……二姐呢？不为所动，一心带着心爱的娃娃前行。画中人物描绘线条流畅，形神生动，色彩丰富，足可想见画师之用心。

　　这张活色生香的图画为天津鼓楼北大街毓顺成芳记于20世纪30年代以系列形式推出的，经研究发现，它正是与当时曲艺演出相配合而印行的。小画上的文字写道："刘二姐她好孤单，膝下缺少一儿男，一心祝拜娘娘庙，娃娃堂里进香烟。拴了娃娃背着走，迈步来到庙门前。二姐天生窈窕体，许多商人将她看……"图画形式又似连环画、漫画，人们可赏图读文念鼓词，真是其乐融融。

二十三、赵钱孙李都爱泥小子

　　天津杨柳青木版年画中有一幅《大姐拴娃娃》在现如今已鲜为人知。《大姐拴娃娃》约诞生于清同治、光绪年间，由健隆号出品。这幅画表现了赵大姐、钱二姨、孙三娘、李四嫂等七名已婚妇女到娘娘宫拜庙拴娃娃的情景，颇有民俗生活纪实意味。

　　画中，天后老娘娘端坐在正殿，手持宝圭，慈眉善目。娘娘左右有散行天花仙女、挑水哥哥。殿内南北两侧还有送子娘娘、眼光娘娘等。据随画的文字解说来细看画中人，右边第一人是婚后三年无子的赵大姐，她穿着红衣白裙，正聚精会神地从供案上拴着娃娃。第二人名叫钱二姨，她已拴好娃娃，正喜洋洋地端详着孩儿。第五人为孙三娘，年近40岁的她膝下本已有个女儿，但仍来这里虔心跪拜，还将香资放到供案上，目的是求个男孩。再看左边，第一人是李四嫂，她也穿着红衣，手里正举着个泥娃娃，向送子娘娘祷告着什么……如此"赵、钱、孙、李"的人物设置也算得上巧心思了。

　　《大姐拴娃娃》所绘人物造型清秀美丽，设色层次也较为丰富而细腻。所表现的场景与生活细节贴近民生民情，凸显杨柳青年画的质朴特色。

　　不仅仅是说唱曲艺，不单单是图画勾勒，自清代中叶至民国

杨柳青年画《大姐拴娃娃》

末年，求子拴娃娃的风俗影响到天津民众日常的诸多层面，在语言俗语方面也不例外，比如自然而然衍生出不少诙谐幽默的歇后语。

在老天津，随处可闻"二哥""二爷""二伯"之类的称呼，假如哪位爷不解风情妄自尊"大"，说不定会招来别人的白眼，俗话叫"拿白眼爱你"。也许，此人在家确实是亲娘的头生子，可家里曾在娘娘宫拴过娃娃，泥娃娃是大哥啊，好似真人一直在家坐着呢，所以即便是头生子也一律排行老二。"炕头上的娃娃大哥——顶头老大"就是这个意思。其实，甘当"老二"的心态也可谓对天后娘娘及其所赐之子的敬重。缘此民俗，旧年有不少天津人是忌讳称"老大"的，一来是怕别人把自己当成泥胎，二来是怕亵渎了娃娃大哥的神圣身份。

再比如"天津卫的娃娃——泥（你）小子"一说，这里的"泥小子"也是指娃娃大哥。当然，家里若儿孙满堂真就不必去拴娃娃了。

二十四、别像佘太君那样拴娃娃

到娘娘宫拴娃娃的妇人皆苦于无子嗣，期盼早日有孕，若是谁家孩儿接二连三地落生，当然就没必要再去拴什么泥娃娃了。

老天津俏皮话"佘太君拴娃娃——瞎凑热闹"挺有意思，这其实是一种比喻：北宋名将杨继业、佘太君老夫妻有八子一孙，所以压根儿不必去拴娃娃，假如佘太君非去不可，莫不是有起哄凑热闹之嫌了吗？比如，在繁华闹市逛街，说不定谁踩了一下谁的脚，说声"对不起"也就罢了，岂料俩人素质都不高，说话间就矫情起来。这时，旁边围上来几个好事儿的人，且一通煽风点火，非要看人家大动干戈才觉得过瘾。您瞧，这不是纯粹闲着无聊瞎凑热闹无事生非吗？按天津话说，真好赛"佘太君拴娃娃"了。

某人天天无所事事，烟酒无度，乃至坐没坐相站没站相，灰头土脸，萎靡不振，看不出一点精神劲儿来，甚至没一点人模样了。还有一种人，自从当了个屁大的官就昏了头，酒色贪腐，无一不占，尽干些蝇营狗苟之事，以至于超出了人性底线。天津俗话"娘娘宫里抱个兔捣碓——没点人样儿"便是说的这类人。兔捣碓为何物？是旧年百姓在过中秋节时给小孩买的一种泥玩具（也有用砂糖做的），即兔儿爷。

娘娘宫里的泥娃娃笑脸盈盈，乖巧可爱。同时，宫里也有玩具耍货摊，摊上卖兔儿爷，和娃娃大哥一比照，便显出哪个更有人模样来了。"娘娘宫里抱个兔捣碓"不乏幽默与调侃，用来讽刺没人样之流倒是挺贴切挺形象。

话说娃娃大哥成为一些家庭的"重要成员"后，其弟其妹接踵而至。清代文人纪晓岚说他自己就是家里拴娃娃拴来的，《阅微草堂笔记》有载："余二三岁时，尝见四五小儿彩衣金钏，随余嬉戏，皆呼余为弟，意似甚相爱，稍长时乃皆不见。后以告先姚安公，公沉思久之，爽然曰：汝前母恨无子，每令尼媪以彩丝系神庙泥孩，归置于卧内，各命以乳名，日饲果饵，与哺子无异。殁后，吾命人瘗楼后空院中，必是物也。恐后来为妖，拟掘出之，然岁久已迷其处矣。"

纪晓岚将拴娃娃及娃娃大哥被奉若真人的民情写得十分清楚，通过文字可知，他曾有四五个娃娃哥，家里拴来泥娃娃后还要天天供上食物，待如亲生。

二十五、那是你哥哥，不能乱动他

旧俗有痕，岁月难忘。作家邓友梅有一个比他大一岁的"哥哥"，名叫招弟。邓友梅曾在《我的"娃娃哥哥"》一文中回忆："我记事起他就坐在炕头一角，老老实实一声不闹。每天吃饭时我娘都盛一碗饭放点菜摆在他的面前，说'孩子，吃吧'。我过生日，我娘就给他身上披上红绸子。有次我要抱起他当泥娃娃玩，还叫娘打了一巴掌，说：'那是你哥哥，不能乱动他！'我问这哥哥是从哪儿抱来的。大人告诉我是从'娘娘宫拴来的，因为有了娃娃哥哥才有了你'。"邓友梅又称，尽管他是头胎儿，却从生下来就排行老二，他二弟弟则被叫小三。他还清晰记得自己7岁时"娃娃哥已经变成穿校服的小学生样子了"。邓友梅在文中认为"家人跟娃娃哥的那种感情，是无法说清的。最重要的一点是全家都把他看作是有生命有灵性的家族成员，不把他只看作泥塑品"。

林希的津味文学作品屡获殊荣。从小，林希家附近的"娃娃刘"就给了他深刻的印象，他在《府佑大街纪事：娃娃刘》中描述："娃娃刘不是娃娃，娃娃刘在府佑大街上开着一个娃娃铺，人们才称他是娃娃刘。娃娃刘今年不到三十岁，手艺不错，人缘儿也好，满府佑大街成千户人家每年都把家里的娃娃大哥送到娃娃刘的娃娃铺去'洗'，娃娃刘的生意很不错……"

西装革履的中老年娃娃大哥

作家林希也是娃娃大哥的"老弟"，他在《娃娃哥》一文表述："母亲生了两个男孩，我是老二，上面有一个哥哥，但下面的弟弟妹妹称我三哥，直到今天，侄儿侄女也称我三叔，我的哥哥被称为是二哥，为什么，我们家的大哥是一个泥娃娃，俗称娃娃大哥。"忆起儿时，林希记忆犹新："娃娃哥非常神圣。小时候在炕头上玩，那时候没有电动玩具，最多就是一只娃娃，布娃娃，泥娃娃，娃娃哥虽然也是泥娃娃，但端坐在炕头上，神色严肃，母亲不许我们和娃娃哥开玩笑，把一个什么东西扣在娃娃哥的头上，或者在娃娃哥鼻子上画个眼镜，那是要打屁股的。"

在 2014 年的一次文友聚会上，南开大学文学院的一位老教授听笔者谈及拴娃娃民俗时显得兴奋异常，自称他就是娃娃大哥的弟弟，并面露幸福地为大家讲起他儿时与娃娃大哥的故事。

二十六、老舍在重庆写《新拴娃娃》

　　作家老舍从小熟悉并喜爱各种民间艺术，深知它们在老百姓中的广泛影响与巨大力量。1938年8月老舍从武汉辗转至重庆，由他主持日常工作的中华全国文艺界抗敌协会也在稍后迁到重庆。当时，滑稽大鼓名角富少舫（富德山）也在重庆。为了写好鼓词，老舍专门向富少舫求教过。《老舍自传》第五节《入川东》中载："八月十四，我们到了重庆……我开始正式地去和富少舫先生学大鼓书……学会了这么几句，写鼓词就略有把握了。"此后几年老舍创作了鼓词《新拴娃娃》《文盲自叹》《陪都重庆》等。《新拴娃娃》以救济遭难儿童为内容，表现了抗日救亡思想。富少舫与女儿富淑媛（富贵花）在重庆也成功上演了老舍的作品。

　　1950年3月7日的《人民日报》发表了老舍的《习作新曲艺的一些小经验》文。谈及押韵技巧，老舍主张不应采取照例公式，随便敷衍，而是要煞费苦心，出奇制胜。他以《新拴娃娃》及"刘二姐"举例："记得在重庆的时候，我给富少舫先生写过一段《新拴娃娃》。每逢他使这段活的时候，第一个摔板必得满堂彩，第二个摔板永远若无其事。第一个摔板是：'二姐另有一宗病，见了人先说头疼，又恰好忘带了阿司匹灵。'阿司匹灵，在近20年来，差不多已代替了万应锭。可是，它还没入过鼓词。经过这么

1957年版《山东地方戏曲·拴娃娃》封面

一用，它就既新颖，又现成，唱者脱口而出，毫无勉强，听者不由得叫出'好'来。"

"第二个摔板是刘二姐去参观图画展览会，假充行家，发表了意见：'哎呀你们来看哪，这一枝梅花画得多么红！'我原来是要俏皮刘二姐的浅薄无知——梅花的好坏，不在乎画得红不红。而且'红'在中东辙（曲艺中的十三辙之一）里又是个有分量的字。我想，这一句一唱出来，必能得到喝彩。可是，台下没有一个叫好的。这个'红'字没能负起它应尽的责任，因为它不像阿司匹灵的'灵'那么现成，听者得想半天才能悟出道理来。这一想呀，可就耽误了喝彩哟！"

1951年春，老舍深入北京南城龙须沟，写出了歌颂新中国成立、歌颂北京惠民改造的话剧《龙须沟》。在《龙须沟》第二幕第二场中也有疯子（剧中角色）欲唱《拴娃娃》等细节。

258

二十七、那泥汤留着套炉子用

　　笔者的粉丝"五彩笔"是老天津人，讲起自家娃娃大哥的故事娓娓道来。他在自媒体称，他的母亲于20世纪40年代初从天津近郊嫁到市里，最初几年一直没有孩子，后来到娘娘宫拴娃娃，并给娃娃取名叫连生。说来也怪，此后竟接连生了他们兄妹5人。五彩笔说："母亲对大哥非常敬重，极少让我们触碰它。吃饭时，母亲总是先盛上一碗饭摆在大哥面前……白天让大哥坐在炕上，晚上把大哥放在桌子上。"他家会为娃娃大哥过生日，生日就是被拴来的那天。每年过生日时全家要专门吃面条为其庆生，逢年过节还要给娃娃大哥添新衣服。"文革"开始后，五彩笔的母亲在一天深夜悄悄将娃娃大哥埋入地下，为此伤心了很长时间。

　　2004年7月《城市快报》记者采访过70多岁的顾大娘，大娘称她是家里的二闺女，她大哥是妈妈在婚后某年的腊月十五那天从娘娘宫拴来的，随后不久就怀上了她。小时候，她脑后有一块铜钱大小的地方不长头发，老人们说那是送子娘娘把她"压下来"留下的。

　　网民"宾如"早在20世纪30年代就生活在天津城里，他在自媒体称，他家院里的祁姓邻居家曾有一个娃娃大哥，人家后来有了二弟、三妹。"我每次去祁大爷家总会多看几眼坐在炕头一角的

俯瞰娘娘宫（摄于2006年）

娃娃大哥，它梳着分头，浓眉大眼，穿着中式衣裤，挺精神地端坐在那里。逢年过节还给它一份特殊的吃食呢。"

朋友讲过他家邻居的趣事。说新中国成立之初，老城里某人家的娃娃哥一直挺受宠，平日谁都不能靠近那个娃娃。有一年临近春节，娃娃哥照例该"长岁"了，这家的姥姥便安排孩子们去给娃娃大哥"洗澡"加大去。没想到这话被两个顽皮的小孙子听见了，俩小不点趁大人没注意端来大木盆，接满水，直接把泥塑的娃娃哥放进了盆里。一心想做好事的孩子正准备给娃娃洗澡呢，转眼再看那漂亮的泥娃娃已经变成了一盆泥水。这还了得！孩子妈妈蒙了，心想可千万别让姥姥知道，暗暗计划明天去塑个一模一样的回来，于是忙让俩孩子把那盆泥汤子倒掉。这时，在屋里正闭目养神的姥姥发话了："别倒，留着套炉子用。"

笑一笑十年少，传统民俗生活就是这样富有意趣。

后 记

　　鄙人不才，也许是命里注定的事，曾在天后圣母老娘娘身边服务整整二十载。回望转瞬岁月，自己没有虚度，无论阴晴冷暖始终在默默积累文字与图片。积累，有可能需要更多付出，也有可能塞翁失马，最考验心中的指针是否定得住，是否耐得住。之于不断的选题、视角、发现与心得，其实一直想系统写出，只是此前不便动笔罢了。况且人的精力有限，同时还有至亲与家事让我牵肠挂肚，但仍选择了"坚韧"二字，这也是自己一贯的性格。

　　今得机缘边整理书稿边回味，苦乐酸甜皆已化作人生难得的历程，也是无怨无悔的一种况味。加油干！潜心努力一并推出拙稿，权为向天后圣母奉上的小礼，诚愿老娘娘欣然一笑；向读者交出的答卷，希望您多提宝贵意见。

2016年11月作者参加世界妈祖文化论坛

　　特别感谢姜维群老师不吝作序，还有让人温暖的张璇老师、彭博老师、邵相英老师、王焱老师等，他们在这本书稿成型过程中付出了辛勤劳动。此次出版，可敬的编辑老师字斟句酌，高效耕耘，更是让我感动。

　　诚愿妈祖天后老娘娘福泽四方，为各位读者带来好运！

由国庆

2023年5月8日